零售业经营管理攻略系列

Supermarket Management
图解 商场超市 经营与管理

王丽丽 主编

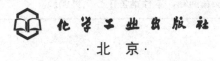

化学工业出版社

·北京·

本书作为"零售业经营管理攻略系列"的一个分册，详细介绍了店长工作流程、经营控制、商品管理、采购管理、物流管理、安全管理等内容。

本书定位于实操读本，内容简洁实用，同时板块设置精巧，结构清晰明确。既可供专业培训机构、院校零售专业等作为培训教材、培训手册，又可以作为商场、超市各级人员的工作指导书，直接应用于实际工作中。

图书在版编目（CIP）数据

图解商场超市经营与管理/王丽丽主编．—北京：化学工业出版社，2014.6（2023.11重印）

（零售业经营管理攻略系列）

ISBN 978-7-122-20270-3

Ⅰ.①图… Ⅱ.①王… Ⅲ.①商场-商业管理-图解②超市-商业管理-图解 Ⅳ.①F717-64

中国版本图书馆CIP数据核字（2014）第068987号

责任编辑：陈 蕾　　　　　　　　　　　　装帧设计：尹琳琳
责任校对：吴 静

出版发行：化学工业出版社（北京市东城区青年湖南街13号　邮政编码100011）
印　　装：北京天宇星印刷厂
710mm×1000mm　1/16　印张9½　字数186千字　2023年11月北京第1版第10次印刷

购书咨询：010-64518888　　　　　　　　　售后服务：010-64518899
网　　址：http://www.cip.com.cn
凡购买本书，如有缺损质量问题，本社销售中心负责调换。

定　　价：39.00元　　　　　　　　　　　　　　　　　版权所有　违者必究

前言

十八届三中全会明确提出了加快城镇化进程，完善城镇化体制的工作目标。随着城镇化进程的不断加速，越来越多的人口进入城镇中。在城镇中，商场、超市是人们购物与消费的主要场所。因此，城镇化的推进为商场、超市提供了良好的发展前景。

国外零售业巨头沃尔玛、家乐福等众多知名零售集团在我国开发布局了大量的卖场，由于其成熟的管理模式和先进的管理经验，对国内各商场、超市带来了巨大的冲击，同时，随着"天猫商城"、"1号店"等网络超市和电子商务的迅猛发展，也使得商场（超市）竞争趋于激烈，再加上国家对零售业的管理越来越规范、严格，而消费者的要求也越来越高，这使得商场、超市需不断寻求新的增长点和探讨更加先进的管理和服务模式，以满足消费者日益增长的需求。

作为零售业的商场、超市只有不断学习先进经验，提高自身管理与服务水平，提升各级管理人员和员工的综合素质，才能在激烈的市场竞争中立于不败之地。

基于此，我们在研究与探索商场、超市管理与服务的基础上，结合零售业的特点和发展趋势，从实际工作出发，编写了"零售业经营管理攻略系列"丛书，本丛书对商场、超市经营与管理、布局与商品陈列、卖场服务与管理以及营销与促销四个方面的内容进行了详细、实用的描述，为商场、超市的管理人员和基层员工提供了完善的学习思路，以供参考。

《图解商场超市经营与管理》作为"零售业经营管理攻略系列"的一个分册，详细介绍了店长工作流程、经营控制、商品管理、采购管理、物流管理、安全管理等内容。

本书的最大特点是在每章前、后设置了"学习目标"和"学习回顾"两个栏目,既为读者提供学习指引,又通过不断的回顾来巩固所学的知识;在正文中,将每项工作内容以流程的形式进行展现,方便读者按照流程一步一步进行实践操作。同时,书中也分别设置了各种不同的小板块,对正文内容进行补充,使全书更为丰富。

本书定位于实操读本,内容简洁实用,同时板块设置精巧、结构清晰明确。既可供专业培训机构、院校零售专业等作为培训教材、培训手册,又可以作为商场、超市各级人员的工作指导书,直接应用于实际工作中。

本书由王丽丽主编,在编写过程中,获得了许多朋友的帮助和支持,其中提供资料的有王春华、王春侠、王玉奇、韩琦、赖娇珠、刘作良、刘云娇、石保庆、何亚龙、杜万霞、靳玉良、张伟标、张杰、张艳红、张继军、高锟、李汉东、李春兰、李景吉、李宁宁、李军、陈强、谭双可、解素跃、何志阳、魏锡强、宋春霞,最后全书由匡仲潇审核。在此一并表示感谢!由于编者水平有限,不足之处敬请读者指正。

编者

目录

第一章　店长工作流程

第一节　年、月、周工作流程 ……………………………………… 1
　　内容一：店长年工作流程 ………………………………………… 1
　　内容二：店长月工作流程 ………………………………………… 2
　　内容三：店长周工作流程 ………………………………………… 3
第二节　每日工作流程 ……………………………………………… 4
　　内容一：营业前工作流程 ………………………………………… 4
　　内容二：营业中工作流程 ………………………………………… 5
　　内容三：营业后工作流程 ………………………………………… 6
【附录】……………………………………………………………… 7
　　附录1-1　××商场店长营业前检查项目表 …………………… 7
　　附录1-2　××商场店长营业中检查项目表 …………………… 8
　　附录1-3　××商场店长营业后检查项目表 …………………… 10
　　附录1-4　××超市店长每日工作流程时段表 ………………… 11

第二章　店铺外观设计

第一节　店外设计 …………………………………………………… 15
　　内容一：整体外观设计 …………………………………………… 15
　　内容二：橱窗设计 ………………………………………………… 16
　　内容三：外墙广告设计 …………………………………………… 18

第二节　布局 …………………………………………………………… 19
　　内容一：店内布置 …………………………………………………… 19
　　内容二：店内设计 …………………………………………………… 19
　　内容三：店内氛围营造 ……………………………………………… 21
【附录】………………………………………………………………………… 22
　　附录2-1　××商场橱窗管理规范 ………………………………… 22
　　附录2-2　××超市氛围营造调查表 ……………………………… 23

第三章　商品管理

第一节　商品日常管理 ………………………………………………… 25
　　内容一：商品分类 …………………………………………………… 25
　　内容二：新品进店 …………………………………………………… 27
　　内容三：商品报损 …………………………………………………… 27
　　内容四：商品退场 …………………………………………………… 28
　　内容五：滞销商品处理 ……………………………………………… 29
第二节　商品价格管理 ………………………………………………… 30
　　内容一：商品定价 …………………………………………………… 30
　　内容二：商品降价处理 ……………………………………………… 32
　　内容三：商品进价上调 ……………………………………………… 33
　　内容四：商品进价下调 ……………………………………………… 34
第三节　商品陈列 ……………………………………………………… 34
　　内容一：商品陈列操作 ……………………………………………… 34
　　内容二：端架陈列 …………………………………………………… 35
　　内容三：堆头陈列 …………………………………………………… 36
　　内容四：季节性陈列 ………………………………………………… 37
　　内容五：陈列检查 …………………………………………………… 37
第四节　商品损耗控制 ………………………………………………… 39
　　内容一：生鲜商品损耗控制 ………………………………………… 39

内容二：非生鲜商品大类损耗控制 …… 41
内容三：开业期间的商品损耗控制 …… 42
【附录】 …… 44
附录3-1　××商场新品进店协议 …… 44
附录3-2　××商场商品退场管理规定 …… 45

第四章　促销管理　47

第一节　促销规划 …… 47
内容一：促销活动策划 …… 47
内容二：促销海报的制作与发放 …… 48
内容三：促销调价 …… 49
内容四：促销备货 …… 49
内容五：促销退货 …… 51
第二节　促销方法 …… 52
内容一：赠品促销法 …… 52
内容二：限时促销法 …… 53
内容三：积分促销法 …… 54
内容四：均价促销法 …… 55
【附录】 …… 56
附录4-1　××商场DM促销调价申请单 …… 56
附录4-2　××商场限时促销折让申请单 …… 56

第五章　采购管理　58

第一节　供应商管理 …… 58
内容一：供应商选择 …… 58
内容二：供应商进场 …… 60

内容三：供应商评价 …………………………………………………… 60
　　内容四：供应商沟通 …………………………………………………… 61
　　内容五：供应商激励 …………………………………………………… 62
　　内容六：供应商档案管理 ……………………………………………… 63
　　内容七：供应商淘汰 …………………………………………………… 64
　第二节　采购作业 …………………………………………………………… 65
　　内容一：基本采购流程 ………………………………………………… 65
　　内容二：特价商品采购 ………………………………………………… 66
　　内容三：加急商品采购 ………………………………………………… 66
【附录】………………………………………………………………………… 68
　附录5-1　××超市供应商管理规定 ……………………………………… 68
　附录5-2　××超市商品进货管理规定 …………………………………… 68
　附录5-3　××商场供应商调查表 ………………………………………… 69
　附录5-4　××商场供应商供货情况历史统计表 ………………………… 70
　附录5-5　××商场供应商交货状况一览表 ……………………………… 70

第六章　物流管理

　第一节　验收与储存管理 …………………………………………………… 72
　　内容一：验收作业 ……………………………………………………… 72
　　内容二：验收后处理 …………………………………………………… 73
　　内容三：储存准备 ……………………………………………………… 74
　　内容四：储存作业 ……………………………………………………… 75
　　内容五：储存检查 ……………………………………………………… 76
　第二节　盘点管理 …………………………………………………………… 77
　　内容一：盘点准备 ……………………………………………………… 77
　　内容二：盘点实施 ……………………………………………………… 78
　　内容三：盘点分析 ……………………………………………………… 79
　　内容四：盘点结束后处理 ……………………………………………… 80

第三节　退换货管理 …………………………………………………… 81
　　内容一：退货 ………………………………………………………… 81
　　内容二：换货 ………………………………………………………… 82
【附录】……………………………………………………………………… 83
　　附录6-1　××超市商品验收管理制度 …………………………… 83
　　附录6-2　××超市商品盘点管理制度 …………………………… 84
　　附录6-3　××超市盘点作业规定 ………………………………… 84
　　附录6-4　××超市换货单 ………………………………………… 85
　　附录6-5　××超市商品退货申请表 ……………………………… 86

第七章　安全管理

第一节　日常安全管理 ………………………………………………… 87
　　内容一：人员安全管理 ……………………………………………… 87
　　内容二：商品安全管理 ……………………………………………… 88
　　内容三：收银区安全管理 …………………………………………… 89
第二节　消防安全管理 ………………………………………………… 90
　　内容一：建立消防安全管理组织 …………………………………… 90
　　内容二：消防培训 …………………………………………………… 91
　　内容三：装修施工安全管理 ………………………………………… 92
　　内容四：消防巡检 …………………………………………………… 93
　　内容五：灭火作业 …………………………………………………… 94
第三节　紧急事件预防与处理 ………………………………………… 95
　　内容一：紧急事件预防 ……………………………………………… 95
　　内容二：水灾应急处理 ……………………………………………… 95
　　内容三：停电应急处理 ……………………………………………… 95
　　内容四：意外伤害应急处理 ………………………………………… 98
　　内容五：治安事件应急处理 ………………………………………… 98
【附录】……………………………………………………………………… 99

附录7-1　××商场施工防火安全责任书 ……………………………… 99
　　附录7-2　××商场场内施工审批单 …………………………………… 100

第八章　经营成本控制　　102

第一节　收银与现金控制 …………………………………………… 102
　　内容一：确定收银流程 …………………………………………… 102
　　内容二：收银作业控制 …………………………………………… 103
　　内容三：假钞处理 ………………………………………………… 104
　　内容四：现金的清点及结算 ……………………………………… 105
　　内容五：现金安全管理 …………………………………………… 105
第二节　店内费用控制 ……………………………………………… 107
　　内容一：人员成本控制 …………………………………………… 107
　　内容二：水电费用和杂费控制 …………………………………… 108
　　内容三：广告及促销费用控制 …………………………………… 108
　　内容四：应收账款控制 …………………………………………… 109
　　内容五：不合理损耗控制 ………………………………………… 110
【附录】 ……………………………………………………………… 111
　　附录8-1　××商场假币鉴别规范 ……………………………… 111
　　附录8-2　××商场内部交款清单 ……………………………… 112
　　附录8-3　××商场应收账款控制表 …………………………… 113
　　附录8-4　××超市应收账款分析表 …………………………… 113

第九章　后勤管理　　115

第一节　场内外环境管理 …………………………………………… 115
　　内容一：场内有害动物防治 ……………………………………… 115
　　内容二：洗手间环境卫生管理 …………………………………… 116

内容三：专柜柜台卫生管理…………………………………………117
内容四：更衣室清洁卫生管理…………………………………………117
内容五：办公场所环境卫生管理………………………………………119
内容六：场外环境卫生管理……………………………………………119
第二节　后勤事务管理……………………………………………………120
内容一：办公用品管理…………………………………………………120
内容二：工作服管理……………………………………………………121
内容三：员工更衣柜管理………………………………………………122
【附录】…………………………………………………………………………123
附录9-1　××商场环境卫生管理制度………………………………123
附录9-2　××商场办公用品管理制度………………………………124
附录9-3　××商场办公用品领用申请单……………………………125
附录9-4　××商场办公用品领用登记表……………………………126

第十章　公共关系维护

127

第一节　公共机构关系维护………………………………………………127
内容一：与政府部门的关系维护………………………………………127
内容二：与新闻媒体的关系维护………………………………………128
第二节　社区关系维护……………………………………………………129
内容一：召开座谈会……………………………………………………129
内容二：举办社区活动…………………………………………………130
内容三：参与社区活动…………………………………………………131
内容四：走访社区居民…………………………………………………131
【附录】…………………………………………………………………………132
附录10-1　××商场座谈会记录表……………………………………132
附录10-2　××商场社区走访记录表…………………………………133

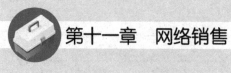

第十一章 网络销售

第一节 网站建设 …………………………………………………… 134
　内容一：自建网站 ………………………………………………… 134
　内容二：委托建站 ………………………………………………… 135
第二节 网络销售实务 ……………………………………………… 136
　内容一：销售订单处理 …………………………………………… 136
　内容二：物流配送 ………………………………………………… 137
【附录】……………………………………………………………… 138
　附录11-1　××超市网站测试登记表 …………………………… 138
　附录11-2　××超市每日配送登记表 …………………………… 138

第一章 店长工作流程

> **学习目标**
> 1. 了解店长每天的工作流程。
> 2. 了解店长每月的工作流程。
> 3. 了解店长在营业前、营业中、营业后的工作流程。

第一节 年、月、周工作流程

内容一：店长年工作流程

① 经营要点

店长是一家商场（超市）的最高领导人，是各项工作的总负责人，也是商场（超市）经营与管理的主要落实者。店长工作质量的高低直接决定着商场（超市）的运营效率，因此，店长必须按流程开展工作，使各项工作有条不紊地进行。

② 管理流程

店长年工作流程如图1-1所示。

图解商场超市经营与管理

①制定年度工作计划 → ②年内工作安排 → ③年终工作总结

流程解读：

流程名称	详细解读
①制定年度工作计划	每年年初，店长要制定年度工作计划，以对一年的工作进行安排，工作计划内容包括： a.年度销售目标 b.年度预算安排 c.人力资源计划 d.各重要节假日促销计划
②年内工作安排	年内工作主要包括以下内容： a.处理日常工作 b.安排重要节假日的促销活动，与供应商沟通备货情况 c.对商场（超市）破损部分进行维修 d.购置新设备 e.加强员工培训，提高员工作业技能
③年终工作总结	每年年终时，店长要对一年的工作进行总结，并撰写总结报告，总结内容如下： a.本年度销售目标完成情况 b.对各部门主管进行绩效考核

图1-1 店长年工作流程

有些商场（超市）称店长为总经理、经理等，虽然称呼不同，但是职责基本类似，都是全面负责一家商场（超市）的日常管理工作。

 内容二：店长月工作流程

❶ 经营要点

月工作计划是对年工作计划的分解，是年工作计划的进一步细化，通过月工作计划，可以将各项具体工作落实到每个月中。

❷ 管理流程

店长月工作流程如图1-2所示。

第一章　店长工作流程

流程解读：

流程名称	详细解读
①制定月工作计划	每月月初，店长应当制定月工作计划，以便对每月的工作进行安排，月工作计划内容包括： a.本月销售工作安排 b.本月重要节假日促销细节安排 c.供应商供货进度协商 制定月工作计划应参照年度工作计划进行，而不能与其相违背
②月内工作安排	月内工作主要包括以下内容： a.对供应商进行评价 b.淘汰部分销量不佳的商品 c.对部分商品、货架的陈列进行调整 d.引进新商品 e.与供应商办理每月结算 f.接待上级部门检查
③月末工作总结	每月月末时，店长要对本月的工作进行总结，并撰写总结报告，总结内容如下： a.本月工作完成情况 b.本月商场（超市）运营存在的问题及整改安排

图1-2　店长月工作流程

内容三：店长周工作流程

1 经营要点

店长应为每周工作做好安排，将每年、每月的各项计划落实到实处，维持商场（超市）的正常运营，并及时解决问题。

2 管理流程

店长周工作流程如图1-3所示。

```
①制定周工作计划 → ②周工作安排 → ③周工作总结
```

流程解读：

流程名称	详细解读
①制定周工作计划	每周开始工作前，店长应当制定周工作计划，以便对本周工作进行分解，将其落实到实处。周工作计划内容包括： a. 本周日常事务安排 b. 本周清洁卫生工作安排
②周工作安排	周工作安排内容如下： a. 加强生鲜部门的检查 b. 开展每周卫生检查工作 c. 制作每周促销海报，并进行备货 d. 报损商品审批
③周工作总结	每周工作结束时，店长要对本周的工作进行总结，并撰写总结报告，总结内容如下： a. 本周工作完成情况 b. 本周商场（超市）运营存在的问题的解决情况

图1-3 店长周工作流程

第二节 每日工作流程

 内容一：营业前工作流程

1. 经营要点

作为一店之长，应掌握商场（超市）的工作流程，做好本职工作，才能起到模范带头作用。做好营业前的准备工作是顺利开展当天营业工作的基础，店长每天都必须带领员工仔细完成营业前的各项准备工作，为商场（超市）创造一个崭新的开始。

2. 管理流程

营业前工作流程如图1-4所示。

第一章 店长工作流程

流程解读：

流程名称	详细解读
①店员报到	每天提前20分钟到店，查看留言本上的昨日留言及营业状况，待员工到齐，召开全店早会
②早会召开	全店早会由店长主持，所有员工必须参加，内容一般包括： a.检查仪容仪表 b.总结前一天的销售情况和工作 c.介绍销售计划，提出当日销售目标 d.提出当日工作要求，包括服务要求、纪律要求、卫生标准、顾客意见反馈的整理 e.注意每位店员情绪，提高其工作意愿 f.针对新店员进行阶段性的、有计划的销售技巧培训与产品知识培训（尤其是新品上市）
③整理	a.指导清理店内卫生，分区进行 b.指导整理货品 c.依卫生核检表检查
④收银准备	店长指导收银员准备工作，检查收银找零金是否已齐备
⑤开工仪式	a.店长带领店员做早操锻炼，迎宾气氛一定要活跃，表情自然、亲切 b.店长带领店员高呼开工口号

图1-4 营业前工作流程

不同的商场（超市），营业时间也会有所不同，但其营业流程一般都分为营业前、营业中和营业后三部分，因此店长每天都必须严格按照规定的工作流程进行，以把握好商场（超市）营运和人员管理的重点。

 内容二：营业中工作流程

1 经营要点

完成了营业前准备工作之后，商场（超市）马上开始正式营业，迎接顾客进店购物。店长安排员工各就各位后,应该按照工作要点逐项实施。

❷ 管理流程

营业中工作流程如图1-5所示。

流程解读:

流程名称	详细解读
①正式营业	a.巡视货场,检查清洁工作(包括橱窗、模特装饰),带领店员向顾客打招呼,并检查、补充货场 b.注意整个卖场的氛围 c.每隔半小时到收银处察看营业状况,对照以往情况进行分析,并及时提醒、鼓励员工 d.注意员工的休息、工作状态,切勿同进同出、同时休息或频繁休息
②空闲安排	a.比较有空闲时,特别是上午,估计1~2个小时没有什么生意,可请一位员工介绍商品的价格、特点、面料等,让其温故知新 b.指导员工整理货品、清洁卫生
③交接班	a.交接班时要注意商场(超市)安全,以防人多丢失商品 b.安排必要的人员进行导购服务,切不可冷落顾客 c.将上午情况交代给下一班,鼓励中班员工精神饱满展开工作 d.交接班要以迅速、准确、方便为准则

图1-5 营业中工作流程

内容三:营业后工作流程

❶ 经营要点

当天营业结束后,店长还需要做好当天的总结工作,包括销售情况总结、顾客档案整理、各类报表的填写等。

❷ 管理流程

营业后工作流程如图1-6所示。

流程解读：

流程名称	详细解读
①核定目标	a.总结当天销售情况，核对是否实现早会所订目标 b.分析并解决相关问题，提出相应策略，不断改进工作方法，促进销售业绩
②整理顾客档案	及时整理顾客档案，跟踪顾客反馈情况
③完成各种报表	完成各种报表，包括日报表、周报表、月报表、员工考核表等
④其他	商品清点、补充，清洁卖场及安全检查

图1-6 营业后工作流程

【附 录】

 附录1-1 ××商场店长营业前检查项目表

类别	项目	检查	
		是	否
人员	各部门人员是否正常出勤		
	各部门人员是否依照计划工作		
	是否有人员不足导致准备不及的部门		
	专柜人员准时出勤、准备就绪		
	员工仪容仪表是否符合规定		
商品	早班生鲜食品是否准时送达无缺		
	是否拿掉鲜度差的商品		
	各部门特价商品是否已陈列齐全		

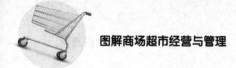

续表

类 别	项 目	检查 是	否
商品	是否已悬挂特卖商品POP		
	商品是否即时做100%陈列		
	商品正面朝外陈列是否已做好		
清洁	入口处是否干净、整洁		
	地面、玻璃、收银台清洁是否已做好		
	厕所是否清洁干净		
其他	音乐是否控制适当		
	卖场灯光是否控制适当		
	收银员找零金是否已准备		
	开店前五分钟广播稿及音乐是否准时播放		
	购物袋是否已摆放就位		
	购物车、购物篮是否已准备就位		
	前一日营业报表是否打印		

 ## 附录1-2　××商场店长营业中检查项目表

时 段	类 别	项 目	检查 是	否
营业高峰前	商品	是否有欠品		
		商品鲜度是否变差		
		货架陈列量是否足够		
		POP与商品标价是否一致		
		商品陈列是否足够，是否要补货		
	卖场整理	投射灯是否开启		
		通道是否畅通		
		是否有试吃台阻碍通道或导致阻挡商品销售的情形		

续表

时 段	类 别	项 目	检查 是	检查 否
营业高峰前	卖场整理	是否有人当班		
		是否有突出陈列过多的情形		
		卖场地面是否维持清洁		
营业高峰中	销售态势	是否定时播放店内特卖消息		
		各部门是否派人至卖场招呼客人或喊卖		
		顾客是否排队太长要增加收银台		
		是否要后场部门来收银台支援		
		是否需要紧急补货		
		是否有工作人员聊天或无所事事		
		POP是否脱落		
营业高峰后	卖场整理	卖场是否有污染品或破损品		
		是否要进行中途解款		
		是否有欠品需要补货		
		是否确认个别时段营业未达成目标的原因		
		陈列架、冷藏（冻）柜是否清洁		
时常性	POP	POP是否陈旧、污损		
		POP张贴位置是否适当		
		POP书写是否正确、大小尺寸是否合适		
		POP诉求是否有力		
	商品	价格卡与商品陈列是否一致		
		是否仍有供应商在店内陈列或移动商品		
		是否有滞销品陈列过多，畅销品陈列面太小		
		是否定期检查商品有效期限		
	服务	卖场是否听到五大用语		
		是否协助购物多的顾客提货出去		
	清洁	厕所是否维持清洁通畅		
		厕所卫生纸是否足够		

续表

时段	类别	项目	检查是	检查否
时常性	清洁	入口处是否维持清洁		
		地面是否维持清洁		
	设备	冷冻（藏）柜温度是否定时确认		
		傍晚时分招牌灯是否开启		
		广播是否正常播放		
		标签机是否由本公司员工自行操作使用		
	后场	进货验货是否照规定进行		
		空纸箱区是否堆放整齐		
		空篮存放区是否堆放整齐		
		标签纸是否随地丢弃		
		退换商品是否定位整理整齐		
	其他	畅销品或特卖品是否足够		
		卖场标示牌是否正确		
		交接班人员是否正常运行		
		前一日营业款是否解缴银行		
		有无派部门人员对竞争店调查		
		关店前卖场音乐是否播放		

 附录1-3　××商场店长营业后检查项目表

类别	项目	检查是	检查否
卖场	是否仍有顾客滞留		
	卖场音乐是否关闭		
	卷帘是否拉起		
	招牌灯是否关闭		
	店门是否关闭		

第一章 店长工作流程

续表

类别	项目	检查	
		是	否
卖场	空调是否关闭		
	购物车（篮）是否定位		
	收银机是否清洁完毕		
作业场	生鲜处理设备是否已关闭及清洁完毕		
	作业场是否清洁完毕		
	工作人员是否由后门离开		
	是否仍有员工滞留		
现金	开机台数与解缴份数是否一致		
	专柜营业现金是否缴回		
	作废发票是否签字确认		
	当日营业现金是否全部锁入金库		
保安	是否设立保安岗位		

附录1-4 ××超市店长每日工作流程时段表

时段	地点	工作项目	工作内容
8:45～9:00	卖场	晨会	召开全体员工会议，总结昨日销售及各种情况，传达总部各类指示，安排一天工作
9:00～9:30	办公室	审阅报表	（1）审阅昨日报表 （2）分析昨日销售、缺货、收货情况
9:30～11:00	卖场	全场巡视检查	（1）商品 a.缺货商品确认追踪 b.重点商品、季节性商品保鲜度及陈列表现确认；端架、堆头陈列的量感是否足够 c.价签与商品是否一致 （2）卖场整理 a.卖场灯光是否合适

续表

时　段	地　点	工作项目	工作内容
9:30～11:00	卖场	全场巡视检查	b.通道是否畅通
			c.是否有阻碍通道或导致阻挡商品的销售情况
			d.是否有突出陈列过多的情形
			e.卖场地面是否维持清洁
			f.各岗位是否有人当班
			（3）收货
			a.空纸箱是否拆开堆放整齐
			b.空购物筐（车）是否堆放整齐
			c.收货验收是否按规定进行
			d.退换货商品是否整理整齐
			e.货架层板、配件是否码放整齐
11:00～13:00	卖场	营业高峰态势掌握	（1）各部门工作表现及促销活动开展情况
			（2）收银台状况及是否需要支持收银
			（3）排面丰满度及是否需要补货
			（4）员工是否有聊天、怠工现象
			（5）价签是否整齐、正确
13:00～13:30		午餐	
13:30～15:00	办公室	处理事务	（1）对外接待
			（2）批阅文件
			（3）各种计划报表的撰写
			（4）员工培训
15:00～17:00	卖场	全场态势巡视检查	（1）商品
			a.价签与商品陈列是否一致
			b.促销供应商是否在店内随意陈列或移动商品
			c.是否有滞销品陈列过头、畅销品陈列不足

续表

时 段	地 点	工作项目	工 作 内 容
15:00～17:00	卖场	全场态势巡视检查	d.检查商品有效期
			（2）服务
			a.卖场员工是否使用文明用语
			b.收银员及防损员是否做好顾客服务
			（3）清洁
			a.入口处是否卫生清洁
			b.地面维持清洁
			c.货架是否清洁
			（4）设备
			a.冷冻（藏）是否定时检查温度
			b.开灯时分招牌灯是否开启
			（5）生鲜区
			a.风柜、冷柜商品码放规范与否，温度控制如何
			b.生鲜区地面是否保持清洁无水渍
			c.生鲜区商品是否保持足够的新鲜度
			d.生鲜区区域卫生
			（6）其他
			a.畅销品（特卖价）是否足够
			b.卖场标识系统是否正确
17:00～19:00	办公室	检查、汇报	（1）检查当天总部布置的任务落实情况
			（2）与总部沟通，汇报情况
19:00～19:30		晚餐	
19:30～20:30	卖场	营业高峰态势掌握	（1）收银机支持；零钱确保正常使用
			（2）商品齐全及丰满度，是否需要补货
			（3）是否有员工聊天或无所事事
			（4）价签是否有脱落或损坏
20:30～21:30	卖场	全场态势巡视检查	（1）整理
			a.卖场是否有破损品

续表

时　段	地点	工作项目	工作内容
21:30～22:30	卖场	全场态势巡视检查	b.是否商品需要补货
			c.陈列架、冷冻框、冷藏柜是否清洁
			d.POP书写是否正确、粘贴位置是否合适
			（2）操作间
			a.生鲜设备是否关闭及清洁完毕
			b.操作场地是否清洁完毕
			（3）卖场闭场
			a.是否仍有顾客滞留
			b.灯光是否关闭
			c.店门是否关闭
			d.空调是否关闭
			e.购物车、筐是否定位
			f.收银机是否清洗完毕
22:30～23:05	卖场	晚会	总结当天销售及其他情况

学习回顾

经过本章内容的学习，想必您已经掌握了不少学习心得，请仔细填写下来，以便继续巩固学习。同时，如果您在学习中遇到了一些难点，也请如实写下来，然后可以进行重复学习，以彻底解决学习难点。

学习心得	学习难点
1._____	1._____
2._____	2._____
3._____	3._____
4._____	4._____
5._____	5._____

第二章 店铺外观设计

学习目标

1. 了解如何进行整体外观设计。
2. 了解如何进行店内布局。
3. 了解如何进行店内设计。

第一节 店外设计

内容一：整体外观设计

1. 经营要点

一个醒目而独特的外观设计，会让顾客对商场（超市）留下良好的第一印象，吸引顾客走进卖场。一个好的外观设计，往往能获得事半功倍的效果，使顾客盈门。

2. 管理流程

整体外观设计流程如图2-1所示。

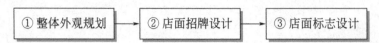

流程解读：

流程名称	详细解读
①整体外观规划	整体外观是指商场（超市）展示给顾客的整个外观，其规划应遵循以下要点： a.突出行业和档次：商场（超市）的外貌风格必须与经营的商品内容相一致，要能突出自己行业和档次的特点 b.与周围环境协调：商场（超市）的建筑是城市建筑或者某些整体布局的一部分，应该与环境协调统一，取得整体和谐效果 c.能起到宣传功能：使顾客一看就知道这是一家什么性质的商场（超市）
②店面招牌设计	招牌作为一个商场（超市）的象征，其设计要求如下： a.内容表达要做到简洁突出，字体要够大，方便顾客辨认 b.高度适中，避免使顾客碰到头部 c.招牌材质要耐久、耐用
③店面标志设计	店面标志包括文字标志、图案标志、组合标志等，其设计要求如下： a.要有创新意识，做到构图新颖别致，富于个性化 b.字体应比招牌要小，不得盖住招牌

图2-1　整体外观设计流程

 内容二：橱窗设计

1.经营要点

橱窗是店面的重要部位，其位置、尺寸及布置方式要根据商店的平面形式、地段环境、店面宽度等具体因素确定。

橱窗布置类型主要如下。

（1）系统式橱窗。大中型商场（超市）橱窗面积较大，可以按照商品的类别、性能、材料、用途等因素，分别组合陈列在一个橱窗内。

（2）专题式橱窗。以一个广告专题为中心，围绕某一个特定的事情，组织不同类型的商品进行陈列，向媒体大众传递一个诉求主题。

（3）季节性橱窗。根据季节变化把应季商品集中陈列，以满足顾客应季购买的心理特点，用于扩大销售。

商场（超市）可以制定橱窗管理规范，加强对橱窗设计的管理，创造一个构思良好的橱窗。

❷ 管理流程

橱窗设计流程如图2-2所示。

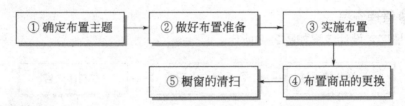

流程解读：

流程名称	详细解读
①确定布置主题	橱窗布置，首先要确定主题，无论是多种多类或是同种不同类的商品，均应系统地分种类依主题布置，使人一眼就看到所宣传介绍的商品内容，千万不可乱堆乱摆，分散消费者视线
②做好布置准备	a.橱窗布置季节性商品必须在季节到来之前一个月预先布置出来向顾客介绍，这样才能起到迎季宣传的作用 b.提前选定橱窗布置商品，准备好存货，并且该商品必须是商店出售而且是最畅销的商品
③实施布置	a.橱窗布置应尽量少用商品做衬托、装潢或铺底，除根据橱窗面积注意色彩调和、高低疏密均匀外，商品数量不宜过多或过少 b.橱窗布置要做到使顾客从远处近处、正面侧面都能看到商品全貌，富有经营特色的商品应布置在最引人注目的橱窗里 c.容易液化变质的商品如食品糖果之类，以及日光照晒下容易损坏的商品，最好用模型代替或加以适当的包装
④布置商品的更换	橱窗布置需勤加更换，尤其是有时间性的宣传以及容易变质的商品应特别注意，每个橱窗在更换或布置时，应停止对外宣传，一般必须在当天内完成
⑤橱窗的清扫	橱窗应经常打扫，保持清洁，特别是食品橱窗，否则顾客会对商品的质量怀疑或反感而失去购买的兴趣

图2-2　橱窗设计流程

内容三：外墙广告设计

1. 经营要点

商场（超市）外墙是开展广告业务的重要区域，通过在外墙张贴广告，可以使来往的顾客清楚地看到，并入店消费。

2. 管理流程

外墙广告设计流程如图2-3所示。

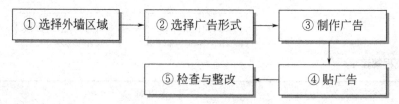

流程解读：

流程名称	详细解读
①选择外墙区域	商场（超市）的外墙区域很广，但不是所有区域都适合做广告，适合做广告的外墙区域包括： a.商场（超市）正门附近墙面 b.面向客流较大的街道的墙面
②选择广告形式	适合在外墙张贴的广告形式包括： a.当期DM海报 b.新引进商品的介绍
③制作广告	商场（超市）应提前制作好广告，制作工作应按以下要求进行： a.将普通DM海报的商品印在放大的广告纸上，纸张要厚一点，不易被撕破 b.对新引进商品的介绍广告应重点突出该商品的主要特征，以及其价格
④贴广告	安排专人将广告贴到外墙区域，张贴时应注意以下2点： a.注意安全：使用梯子时，应佩戴安全帽，同时应安排一人扶住梯子 b.注意整齐：广告应保持整齐，与张贴区域完全契合
⑤检查与整改	贴完广告后，张贴人员对广告进行检查，也可以站在远处观察整体效果，发现不整齐、不干净等问题，要及时进行处理

图2-3 外墙广告设计流程

第二章 店铺外观设计

 提醒你

商场（超市）在外墙做广告应与周围的社区做好必要的协商工作，避免引起社区居民的反感。

第二节 布 局

 内容一：店内布置

1. 经营要点

店内布置指的是店内的整体布局。良好的店内布置对维持整个卖场的良好秩序具有非常重要的作用，而一旦布局不佳，会导致内部混乱、顾客通行不便等诸多问题。

2. 管理流程

店内布置流程如图2-4所示。

 内容二：店内设计

1. 经营要点

通过店内设计能反映出商场（超市）独特的气氛、情调和意境。店长在进行店内设计时，要注意室内空间的设计风格，店面设计既要体现出个性，又要与零售店所从事的行业相符。比如理发店一般比较时尚，而茶具店的装修则相对比较典雅。

店内设计主要包括对天花板、墙壁、地板和货柜货架的设计，且应当按流程进行。

2. 管理流程

店内设计流程如图2-5所示。

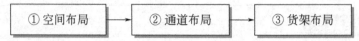

流程解读：

流程名称	详细解读
①空间布局	每个商场（超市）的空间构成各不相同，面积的大小、形体的状态千差万别，但不管具有多么复杂的结构，一般说来都是由商品空间、店员空间和顾客空间构成的
②通道布局	一般来说，通道设计主要有3种： a.直线式，又称格子式：是指所有的柜台设备在摆布时互成直角，构成曲径通道 b.斜线式：这种通道的优点在于它能使顾客随意浏览，气氛活跃，易使顾客看到更多商品，增加更多购买机会 c.自由式：这种布局是根据商品和设备特点而形成的各种不同组合，或独立，或聚合，没有固定或专设的布局形式，销售形式也不固定
③货架布局	a.常规货架布局：常规货架是指6~7层高，摆放普通商品的货架，这类货架应当排列整齐，保持一定的间距，方便购物车进出 b.特殊货架布局：特殊货架是指摆放水果蔬菜、散装糖果等的货架，因其形状不规则，应根据货物的特点进行陈列，注意保持美观和合适的间距

图2-4　店内布置流程

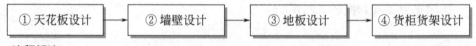

流程解读：

流程名称	详细解读
①天花板设计	在天花板设计时，要考虑到天花板的材料、颜色、高度，特别值得注意的是天花板的颜色，天花板要有现代化的感觉，能表现个人魅力，注重整体搭配，使色彩的优雅感显露无遗
②墙壁设计	墙壁设计应与所陈列商品的色彩内容相协调，与卖场的环境、形象相适应
③地板设计	主要有地板装饰材料和颜色的选择，还有地板图形设计，比如有的商场（超市）在儿童玩具专卖区域装上一些活泼的卡通图案，有的商场（超市）在地板上铺设了路标指示方便顾客购物
④货柜货架设计	主要是货柜货架材料和形状的选择，一般的货柜货架为方形，方便陈列商品与摆放，但商场（超市）也要选用一些奇特形状的货柜货架，如螺旋形、梯形的，以增添活泼、有趣的气氛

图2-5　店内设计流程

内容三：店内氛围营造

1. 经营要点

要使顾客产生购买冲动，必须使店内有卖场氛围。通过声音、气味、颜色等方面可以塑造出良好的氛围，吸引只是随意逛逛的顾客产生购买欲望。

2. 管理流程

店内氛围营造流程如图2-6所示。

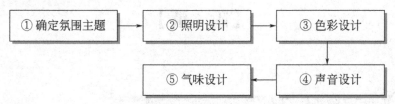

流程解读：

流程名称	详细解读
①确定氛围主题	不同的时间，应有不同的主题，如盛夏时，应当创造出冰凉、清爽的氛围，而春节时，应当创造出喜庆、热闹的氛围
②照明设计	a.照明设计要与氛围主题相符合，如在元宵节时，可以在店内悬挂红灯笼，增添节日气氛 b.照明不得太暗，不能影响顾客购物
③色彩设计	a.商场（超市）应当充分地运用颜色的搭配，以达到理想的效果 b.色彩与环境、商品搭配必须协调
④声音设计	良好的声音设计对商场（超市）氛围可以产生积极的影响，设计要点如下： a.正式营业前，先播放几分钟幽雅恬静的乐曲，然后再播放振奋精神的乐曲，效果较好 b.当商场（超市）处于营业高峰期时，可播放一些轻柔、舒缓的轻音乐以调节卖场气氛
⑤气味设计	气味的设计应根据各区域商品的特点进行，比如： a.在面包区，可多释放面包的香气，激发顾客的食欲，并促其购买 b.在生鲜区，可加强通风，排出部分鱼、海鲜的腥味儿

图2-6　店内氛围营造流程

 提醒你

为了营造一个好的氛围,商场(超市)可以展开调查,将"氛围营造调查表"发放给顾客,让其填写自己的意见,商场(超市)可以根据顾客的意见对氛围进行适当的调整。

【附 录】

 附录2-1 ××商场橱窗管理规范

橱窗是商场的重要宣传手段之一,体现了商场的形象、定位和特色,直接反映商场所经营商品的热点和卖点,同时也可表现出所陈列品牌的风格与特点。作为品牌宣传的一个较为重要及有效的宣传途径,为能使橱窗充分、有效地发挥商业作用,特制定此管理规定。

(1)各层橱窗由招商部负责引入,且入驻品牌须具备一定影响力。招商部将意向品牌提供至营销策划部,由营销策划部和有意向的供应商洽谈、沟通制作橱窗事宜。

(2)确定橱窗使用方后,供应商应上报橱窗效果图及灯位图至营销策划部,由营销策划部审核后上报至公司领导审批,审批合格后方可施工。

(3)效果图审批完成后,由营销策划部反馈至供应商,供应商按照效果图场外制作,与营销策划部确定进场时间,并于进场前至财务部缴纳橱窗装修施工保证金。

(4)橱窗更换、施工期间不可出现空档现象,橱窗使用方需严格按照确认施工日期执行。橱窗拆除时间为每日上午,安装时间为每日下午至闭店前。第一日安装必须保证橱窗主形象完成(以撤场时间为准),允许第二日做细部调整。

(5)橱窗使用方应保证施工按图纸进行,安装后效果与效果图保持一致。未达到效果者,须按营销策划部意见进行整改。

(6)橱窗使用方在进行施工时,商场原有设备设施以及公共区域装点不得损坏,所有损坏须照原价赔偿或恢复至原状态。结束施工后,须保证橱窗内卫生环境整洁。使用过程中,橱窗使用方应保持橱窗内卫生,若巡场时发现卫生问题,营销策划部将告知营运部,由营运部通知专柜导购员整改。

(7)施工方因个人原因造成人身伤害,商场免责。施工过程中所使用的所有材料必须符合国家标准。由于材料、施工质量问题造成的损失,供应商须向商场进行赔偿。

(8)橱窗使用方在对橱窗内部进行模特、服装、背景、灯光调整时,须向营销策划部提出申请,审核通过后方可调整。橱窗钥匙由营运部统一管理。

（9）橱窗在使用过程中，供应商使用的灯具、模特等耗材如有损坏应及时更换，避免影响橱窗整体效果。

（10）橱窗更新方面，要根据不同季节进行相应更新，需体现季节特点与流行因素，橱窗内模特的服装、道具以及背景等因素须合理利用。更换时间以季节变化为主，具体时间营销策划部提前10天以书面形式通知。

 附录2-2　××超市氛围营造调查表

调查项目	反馈意见			改进措施
	优	一般	较差	
色彩				
照明				
气味				
空气				
音响				
附属设施				
招牌显眼程度如何				
出入口大小如何				
橱窗及店门玻璃清洁程度如何				
橱窗内装饰如何				
从出入口及窗户能否看清店内情形				
店内照明情况如何				
店内色彩协调与否				
店内陈列突出重点状况如何				
店内卫生情况如何				
店内氛围如何				
备注				

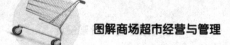

学习回顾

经过本章内容的学习，想必您已经掌握了不少学习心得，请仔细填写下来，以便继续巩固学习。同时，如果您在学习中遇到了一些难点，也请如实写下来，然后可以进行重复学习，以彻底解决学习难点。

学习心得	学习难点
1._____	1._____
2._____	2._____
3._____	3._____
4._____	4._____
5._____	5._____

第三章 商品管理

学习目标

1. 了解如何为商品分类。
2. 了解如何实施新商品进场。
3. 了解如何预防商品损耗。

第一节 商品日常管理

内容一：商品分类

❶ 经营要点

对品种繁多的商品进行分类，是商场（超市）科学化、规范化管理的需要，它有利于将商品分门别类进行采购、配送、销售、库存、核算，提高管理效率和经济效益。

商品分类一般采用综合分类标准，将所有商品划分成大分类、中分类、小分类和单品四个层次，目的是为了便于管理，提高管理效率。

❷ 管理流程

商品分类流程如图3-1所示。

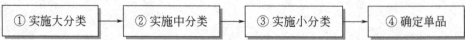

流程解读：

流程名称	详细解读
①实施大分类	a.大分类是商场（超市）最粗线条的分类，大分类的主要标准是生产来源、方式、处理保存方式等商品特征，如畜产、水产、果菜、日配加工食品、一般食品、日用杂货、日用百货、家用电器等 b.为了便于管理，商场（超市）的大分类一般以不超过30个为宜
②实施中分类	着重于功能、用途、制造方式方法、产地等区分，各中分类间属关联性分类，商品关联性不强，但陈列配置上最容易被使用，也是经营分析上的重点分析方向，其分类标准主要有： a.按商品功能与用途划分：如日配品这个大分类下，可分出牛奶、豆制品、冰品、冷冻食品等中分类 b.按商品制造方法划分：如畜产品这个大分类下，可细分出熟肉制品的中分类，包括咸肉、火腿、香肠等 c.按商品产地划分：如水果蔬菜这个大分类下，可细分出国产水果与进口水果的中分类
③实施小分类	小分类标准有： a.按功能用途划分：如"畜产"大分类中、"猪肉"中分类下，可进一步细分出"排骨"、"里脊肉"等小分类 b.按规格包装划分：如"一般食品"大分类中、"饮料"中分类下，可进一步细分出"听装饮料"、"瓶装饮料"、"盒装饮料"等小分类 c.按商品成分分类。如"日用百货"大分类中、"鞋"中分类下，可进一步细分出"皮鞋"、"人造革鞋"、"布鞋"、"塑料鞋"等小分类
④确定单品	单品是商品分类中不能进一步细分的、完整独立的商品品项，如"355毫升听装可口可乐"、"1.25升瓶装可口可乐"、"2升瓶装可口可乐"、"2升瓶装雪碧"，就属于四个不同单品

图3-1　商品分类流程

商品分类并没有统一固定的标准，各商场（超市）可根据市场和自身的实际情况对商品进行分类，但商品分类应该以方便顾客购物、方便商品进行组合、体现企业特点为目的。

内容二：新品进店

1. 经营要点

供应商为了保持市场竞争力，会定期推出新品，并要求商场（超市）为新品安排货架用于储存工作。商场（超市）必须做好对新品进店手续的办理工作。

2. 管理流程

新品进店流程如图3-2所示。

流程解读：

流程名称	详细解读
①申请	由供应商提出新品进店申请
②市场调查	采购部首先将拟进店的新品进行市场调查，然后按品种逐次填写"新品进店建议单"，并按部门汇总填报"新品进店审批单"，连同新品的质检报告单、市调反馈单、其他店的进货凭证，一并提交商品委员会讨论
③审核	商品委员会经过研究审议，在"新品进店审批单"上履行签字手续
④收费	采购按收费标准填写费用收缴单，并将"新品进店审批单"、"新品进店建议单"同时交给财务部，财务部核对三单的一致性后，收取费用并在缴费单上加盖收讫章，在"新品进店建议单"上签字确认费用已收
⑤录入新品	"新品建议单"返到信息部，信息部依据"新品建议单"上店长的同意进店签字、财务部的收费确认签字，方可录入新品，并将"新品进店建议单"登记，存档备案，缴费单返给采购部，采购部方可订货

图3-2 新品进店流程

1. 经营要点

商场（超市）中，有些商品发生严重破损或过期等现象，无法继续销售，那么就应当对这些商品进行报损处理,以及对这些商品进行销毁。

❷ 管理流程

商品报损流程如图3-3所示。

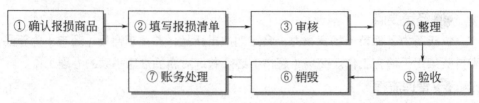

流程解读:

流程名称	详细解读
①确认报损商品	当商品满足以下条件时,应对其进行报损: a.严重破损,不再具有销售价值 b.超过了保质期 c.不能退货给供应商
②填写报损清单	理货员填写报损清单,统计所有需报损的商品
③审核	由部门主管、采购人员对报损清单进行审核,签字审批
④整理	理货员对报损商品进行整理,送至仓库
⑤验收	仓库验收员、库管员对报损清单和实际报损商品进行核对,核对无误后签字,并安排出库
⑥销毁	保安部监督报损商品的销毁
⑦账务处理	财务部对报损商品进行账务处理

图3-3 商品报损流程

 内容四:商品退场

❶ 经营要点

当供应商的商品销售不佳时,商场(超市)可以酌情对其商品实施退场,以便为其他商品腾出陈列空间。

❷ 管理流程

商品退场流程如图3-4所示。

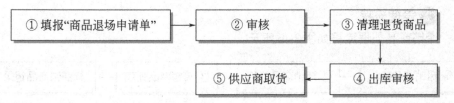

流程解读:

流程名称	详细解读
①填报"商品退场申请单"	理货员填报"商品退场申请单",将所有需清场商品的信息进行汇总
②审核	由部门主管、采购人员、店长逐次审核,并签字确认
③清理退货商品	a.理货员根据商品退场申请单,对退货商品进行清理 b.理货员将清场商品全部退入仓库退货区
④出库审核	a.仓库验收员、保管员按退货流程履行验货出库手续,并签字确认 b.通知供应商前来取货
⑤供应商取货	供应商对清场物品进行检验、审核,审核无误后,将清场商品取走

图3-4 商品退场流程

> **提醒你**
>
> 商品的退场关系到商场(超市)和供应商双方的利益,因此,商场(超市)应制定商品退场管理规定,对退场进行规范管理。同时,商场应与供应商做好沟通,确保退场工作顺利完成。

 内容五:滞销商品处理

1. 经营要点

滞销品影响流动资金及货架利用,商场(超市)必须适时处理滞销品,尤其是新商品,如果不及时处理,越久越难处理,最后可能沦为垃圾。对滞销品必须特别留意,滞销品大部分是包装或价格有问题。

❷ 管理流程

滞销商品处理流程如图3-5所示。

① 滞销商品确认 → ② 滞销商品分析 → ③ 滞销商品处理 → ④ 滞销商品记录

流程解读：

流程名称	详细解读
①滞销商品确认	滞销商品一般包括以下3类： a.品牌知名度低 b.价格过高 c.外观陈旧
②滞销商品分析	对滞销商品进行分析，分析其成因，并出具分析报告
③滞销商品处理	a.特别展示 b.想办法退给供应商 c.与供应商交涉，换其他新产品 d.要求供应商降价出清（补价差） e.要求供应商提供赠品出清 f.自行降价出清 g.用于店内活动赠品
④滞销商品记录	对滞销商品的每次处理都要进行记录，避免使其成为废品

图3-5　滞销商品处理流程

第二节　商品价格管理

内容一：商品定价

❶ 经营要点

每个商品都有一个价格，顾客购买商品，其主要考虑因素就是商品定价。商场（超市）必须为所有商品确定一个合理的价格，以确保商品能够获得良好的销量。

（1）相对于竞争对手同类商品的定价，应制定一个相对较低的价格。

(2)定价要考虑到未来的降价空间。

❷ 管理流程

商品定价流程如图3-6所示。

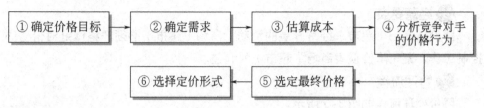

流程解读：

流程名称	详细解读
①确定价格目标	商场（超市）在为商品定价时，一直要有价格目标，具体如下： a.维持生存：为维持生存，必须制定一个较低的价格 b.短期利润最大化 c.追求市场份额 d.树立产品质量
②确定需求	需求是指需求量与价格之间的关系，影响需求的因素如消费者偏好、消费者的个人收入、广告费、消费者对价格变化的期望以及相关商品的价格等，测定需求的基本方法是对商品实施不同的价格，观察其销售结果
③估算成本	在估算成本时，历史成本可以作为基本的依据，同时要注意：在不同的经营规模下，平均成本会发生变化；市场资源条件的变化会影响到经营成本；经营管理越成熟，在其他条件不变的情况下，平均成本会下降
④分析竞争对手的价格行为	分析竞争对手的价格行为主要是了解竞争对手的价格和商品质量 a.如果所提供的商品或服务的质量与竞争对手相似，那么所制定的价格也必须与之接近，否则就会失去市场份额 b.如果商品或服务的质量高于竞争对手，则定价就可以高于竞争对手 c.如果商品或服务的质量不如竞争对手，就不能制定高于竞争对手的价格
⑤选定最终价格	确定最终价格时，还要考虑以下要点： a.考虑消费者的心理 b.考虑既定价格政策，避免扰乱既定价格体系 c.制定价格时，应考虑供货商、竞争对手、销售人员等对价格的反应，考虑政府会不会干涉和制止，是否符合有关法律规定等
⑥选择定价形式	最常用的定价形式就是尾数定价，即保留价格尾数，采用零头定价，如价格为19.9元而不是20元，使价格保留在较低一级的档次上

图3-6 商品定价流程

内容二：商品降价处理

❶ 经营要点
降价是商场（超市）经常开展的活动，商场（超市）必须严格做好对价格的控制工作，避免降价损害商场（超市）的利益。

❷ 管理流程
降价处理流程如图3-7所示。

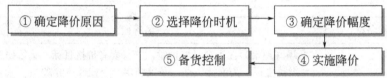

流程解读：

流程名称	详细解读
①确定降价原因	商场（超市）要实施降价，必须首先确定降价原因： a.由于采购商品的差错，如采购商品过多，无法销售 b.制定价格上的差错，如由于商品售价太高，影响到预期的商品周转速度和销售数量 c.促销上的差错，如广告活动、销售活动未能取得预期效果，商品卖不动
②选择降价时机	降价时机的选择是非常重要的，选择降价的时机，具体如下： a.早降价：有较高存货周转率的商场（超市）一般都会采用早降价策略，这样可以在还有一定市场需求的情况下顺利地将商品售出 b.迟降价：季节性商品在季末的时候打折出售虽然会亏本，但收回的货款可以投资到其他商品上，再创销售机会，比商品积压要好得多 c.交错降价：交错降价就是在销路好的整个季节期间将价格逐步降低，这种方式往往和"自动降价计划"结合运用，在自动降价计划中，降价的幅度和时机选择是由商品库存时间的长短所制约的
③确定降价幅度	确定商品的降价幅度时，应以商品的需求弹性为依据，需求弹性大的商品只要有较小的降价幅度就可以使商品销量大增，需求弹性小的商品则需要较大的调价幅度才会扩大销售量
④实施降价	具体实施降价时，应当考虑以下因素： a.调价时，应考虑消费者的反应，因为调整商品的价格是为了促使消费者购买商品，只有根据消费者的反应调价才能收到好的效果 b.对降价的过程做好记录
⑤备货控制	实施降价时，必须对降价做出估计并修改最近各期的进货计划，为降价工作提前准备好充足的货源

图3-7 降价处理流程

与在销路好的季节后期降价相比较，实行早降价的策略只需要较小的降价幅度就可以把商品售出。早降价可以为新商品腾出销售空间，可以改善现金流动状况。

 内容三：商品进价上调

1. 经营要点

当供应商生产成本、运营成本上升时，为了保证必要的利润，就会要求商场（超市）上调进价，商场（超市）应酌情上调。

2. 管理流程

商品进价上调流程如图3-8所示。

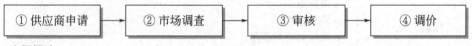

流程解读：

流程名称	详细解读
①供应商申请	供应商填写调进价申请单，交给商场（超市），单据上需列明以下项目： a.调整进价的具体原因 b.调整幅度 c.调整期限
②市场调查	a.商场（超市）安排采购员做好市场调查工作，以确认供应商的调价原因是否合理 b.调查工作并形成市场调查报告
③审核	采购部、财务部、店长等逐次对市场调研报告进行审核
④调价	审核通过后，由信息人员在系统中执行进售价的修改

图3-8　商品进价上调流程

内容四：商品进价下调

1. 经营要点

供应商为了扩大商品销量，提高市场占有率，可能会要求商场（超市）下调进价，而商场（超市）为了减少订货金额，也会要求下调进价。

2. 管理流程

商品进价下调流程如图3-9所示。

流程解读：

流程名称	详细解读
①申请	无论是由供应商提出，还是由商场（超市）提出，都应当提前通知对方，并列明进价下调的原因、幅度等
②谈判	无论谁提出申请，都需要进行谈判，谈判主题包括： a.降价原因 b.降价幅度 c.降价的有效期限 商场（超市）的谈判人员必须由采购部组织，并获得店长调价授权
③调价	双方谈判达成一致后，即可由商场（超市）进行调价，下次订货按新价格进行订购

图3-9 商品进价下调流程

第三节 商品陈列

 内容一：商品陈列操作

1. 经营要点

商品陈列要达到一些基本目的，如获得高的销售额、高的商品周转率及资金周转率；有美感、商业感，刺激顾客购物；方便顾客拿取、判断等。

2. 管理流程

商品陈列流程如图3-10所示。

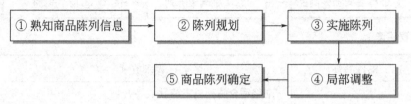

流程解读：

流程名称	详细解读
①熟知商品陈列信息	陈列人员必须熟知商品陈列信息，如商品品项、货架类型尺寸等
②陈列规划	a.确定每类商品所需货架数量 b.确定每个货架的商品数目 c.画陈列图，并计算陈列量
③实施陈列	实施陈列时应参照以下要求进行： a.以销售决定陈列空间 b.同时考虑到季节性、同类商品的临近摆放以及陈列上的视觉美感 c.陈列时注意黄金陈列线的运用（陈列高度在0.9～1.3m之间） d.轻小的商品放在货架的上面，较重较大的商品放在货架的底下 e.陈列须是满货架陈列
④局部调整	陈列结束后，站在远处进行观看，同时进行局部调整
⑤商品陈列确定	调整无误后，最后确定商品陈列形状

图3-10 商品陈列流程

1. 经营要点

端架是摆放商品的重要区域，通过端架陈列来销售商品是一种很常见的方式。端架陈列的商品容易发生混乱，因此，陈列人员在陈列时要特别留意。

❷ 管理流程

端架陈列流程如图3-11所示。

流程解读：

流程名称	详细解读
①选择端架陈列商品	端架适合陈列以下商品： a.DM海报的商品 b.新产品 c.利润高、回转率高的商品 d.降价促销的商品
②实施端架陈列	实施端架陈列应按以下要求进行： a.选择适当的陈列道具与方式 b.端架陈列商品原则上不超过两种 c.端架陈列的尺寸，长度为两排货架之间宽度 d.宽度为卡板的宽度 e.高度≤1.6米 f.端架上有正确的、明显的价格牌 g.端架陈列可配合促销活动，做广告促销标识 h.每两周随DM海报更替时制作
③陈列调整	定期对端架的陈列现状进行调整，使其处于最合适的状态

图3-11　端架陈列流程

内容三：堆头陈列

❶ 经营要点

堆头是指商场（超市）中商品单独或集中陈列所形成的商品陈列方式，有时是一个品牌产品单独陈列，有时会是几个品牌的组合堆头。通过堆头陈列可以形成一种供货充足的感觉，使顾客能够放心购买。

❷ 管理流程

堆头陈列流程如图3-12所示。

第三章　商品管理

①选择堆头陈列商品 → ②实施堆头陈列 → ③陈列调整

流程解读：

流程名称	详细解读
①选择堆头陈列商品	适合用堆头陈列的商品如下： a.季节性销售商品 b.DM海报商品 c.本店的主力销售商品 d.降价促销的商品
②实施堆头陈列	a.商品底下要有木卡板垫底 b.商品尽量做成方形陈列，高度不超过1.2～1.4米 c.堆头与堆头之间要留有通道可供手推车通过 d.要有明确的、显眼的价格标牌 e.堆头的区域要由店长和各部门经理协调规划
③陈列调整	定期对堆头的陈列现状进行调整，使其处于最佳状态

图3-12　堆头陈列流程

内容四：季节性陈列

1. 经营要点

冬去春来，寒暑更替，一年四季的变化循环往复。随着季节的变化，人们吃穿用的商品也相应变化。在出售商品时，应按季节的变化随时调整商品的陈列。

季节性商品的陈列应在季前开始，应了解顾客的潜在需要，根据季节的变化来改变商品的陈列，否则将丧失适时销售的良机。

2. 管理流程

季节性陈列流程如图3-13所示。

内容五：陈列检查

1. 经营要点

无论是哪种陈列方式，理货人员都应当进行陈列检查，以及时纠正错误或不规范的现象，使陈列恢复整齐。

2. 管理流程

陈列检查流程如图3-14所示。

流程解读：

流程名称	详细解读
①春季陈列	在尚未花开的早春时节，应走在季节变换的前头，及时将适合春季销售的商品，如时装、鞋帽等早早摆上柜台，将冬季商品撤换掉；春季商品陈列时，可以以绿色为主调，透出一股春天的气息
②夏季陈列	夏季商品陈列时，应注意如下事项： a.一般提前在4～5月份里，将夏季商品摆出来 b.夏季气候炎热，陈列商品的背景可选用蓝、紫、白等冷色调为主 c.夏季商品陈列要考虑通风，最好将商品挂起来 d.夏季是饮料消费的高峰期，要特别注意布置冷饮类商品的陈列 e.夏季商品陈列的位置可以向外发展，在门厅或门前处较适宜
③秋季陈列	a.秋季商品应该在9月份开始陈列，夏天的时装以及夏凉用品都应撤下，摆上适合秋季消费的商品，这时陈列与售货位置应从室外移向室内 b.秋天天气爽朗，是收获的季节，商品陈列应以秋天的色调、景物作为背景，衬托出商品的用途
④冬季陈列	冬天天寒地冻，布置要使顾客感到温暖，背景最好以暖色调的红、粉、黄为主，突出应季商品的特色

图3-13　季节性陈列流程

流程解读：

流程名称	详细解读
①确定检查周期	a.卖场理货员在工作过程中，可以随时检查 b.部门主管可以进行抽查 c.店长每天早上上班后和下班前对陈列进行抽查
②实施检查	实施检查时应检查以下重点内容： a.价格签的价格是否明白 b.商品是否覆盖着灰尘 c.商品是否附上说明 d.有无破损、污染的商品 e.有无缺货、数量少的商品 f.能否有季节感、体积感的展示 g.陈列中有无压迫力 h.能否做用途、关联的陈列 i.能否遵守陈列场所、位置 j.指示牌是否完全 k.标价是否整齐 l.陈列架是否有灰尘
③整改	检查过程中，发现不合格之处，要及时进行整改，使陈列恢复整齐

图3-14　陈列检查流程

第四节　商品损耗控制

 内容一：生鲜商品损耗控制

1. 内容解读

生鲜损耗主要是从订货、采购、收货、搬运、库存、加工、陈列、变价、单据、盘点、偷盗等环节进行控制。

2. 具体流程

生鲜商品损耗控制流程如图3-15所示。

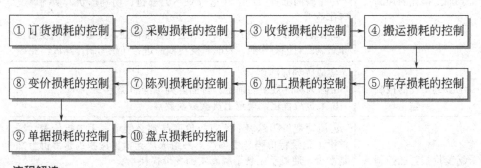

图3-15

流程解读：

流程名称	详细解读
①订货损耗的控制	a.合理科学地制定要货计划，订货原则是以销量来制定，也就是预估明天销多少，就订多少，再加上安全库存减去当日库存即可 b.非加工类商品全面推行订货周表，要求商场（超市）严格按上周销量制定本周的订货，同时对类别单品库存进行严格规定，不同的类别库存单品只允许造几天的要货计划，控制不合理的要货计划带来的商品损耗 c.加工类商品全面推行生产计划表，要求由组长根据上周同期的销量计划本周的生产单品及数量
②采购损耗的控制	a.建立自采商品反馈机制，对自采商品的质量、含冰量进行控制 b.建立类别采购损耗标准，严格考核采购损耗 c.提升采购的专业技能与谈判技巧，确保商品质量与价格

流程名称	详细解读
③收货损耗的控制	a.建立类别生鲜收货标准 b.验收者必须具备专业验收经验，强化验收人员验收水平 c.按商品特性进行先后次序验收（如鲜鱼、冻品等） d.对直送商品、配送商品严格进行净重量验收
④搬运损耗的控制	a.搬运时一定要轻拿轻放 b.在搬运过程要更加留意，避免堆叠太高或方式不对，造成外箱支撑不住的压损或粗糙的搬运引起商品掉下的损耗
⑤库存损耗的控制	a.推行使用库存管理卡，商品入库要标明日期，无论用书写方式或以颜色区分，外箱都必须标示入库日期 b.取货必须遵守先进先出原则，也就是日期久的要先使用 c.生鲜商品堆放要分类，便于货物寻找
⑥加工损耗的控制	a.加工作业必须遵守加工作业标准（生产计划表+食谱卡+工艺流程+边角料的处理） b.在蔬果部分，如：进行水果拼盘和制作果酱等作业 c.在精肉部分，如：注重分割下刀部位、切割形状、切割厚度等作业 d.在熟食部分，如：按食谱卡进行标准作业，注重原料的使用量和烹调的时间等作业，及时将变色商品进行切制与制作盒饭作业等
⑦陈列损耗的控制	实施陈列标准化： a.陈列标准数量的确定、排面陈列标准的确定 b.上货流程化，规定上货次数及要点
⑧变价损耗的控制	a.填写变价跟踪表；所有折价商品都必须填写手工折价表，通过手工记录特价码是由哪些单品组成，其销售量和销售单价分别是多少，通过手工表了解真实的变价损耗 b.规范变价权限 c.变价后的商品跟踪
⑨单据损耗的控制	规范填写各项单据： a.注意公斤与斤的价格 b.注意入库的供应商代码、税率、部门、收货数量、单位的填写等 c.注意在盘点前及时处理好各种单据（入库单、配送单、返厂单、返仓单、调拨单、报损单等） d.注意调拨的数量、调拨的部门与商品编码等
⑩盘点损耗的控制	a.做好盘点前的培训，提高员工责任心 b.盘点前仓库分类整理到位，避免甲、乙商品混盘 c.核对盘点单位与电脑单位是否一致 d.数字或输单的错误控制 e.加强对盘点结果的稽核，防止虚盘

图3-15 生鲜商品损耗控制流程

内容二：非生鲜商品大类损耗控制

1. 内容解读

商场（超市）商品的损耗可从商品流程、岗位、商品大类三个方面来进行控制。商场（超市）防损部通过对大盘点、日盘点的数据进行仔细分析，找到造成商品大类损耗最关键的问题所在，确定问题到底是出在内外盗控制，还是收货、收银或者商品管理、盘点等环节上面，抓住这些主要问题，然后参照以下提供的控制措施有针对性地进行整改和防范。

2. 具体流程

非生鲜商品大类损耗控制流程如图3-16所示。

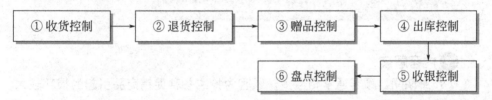

流程解读：

流程名称	详细解读
①收货控制	a.检查磅秤是否正常 b.收货员严格按照收货流程操作，防损组加强对收货过程的监督检查 c.收货区严格分区管理 d.防损组加强对收货时单据的检查和核对，确保单据的准确无误
②退货控制	a.防损组加强对退换货单据的核对 b.退换货商品应及时拿出卖场，集中存放退换货一律在收货口进行
③赠品控制	a.收货员在赠品的收货过程中应仔细清点赠品的数量，并做好登记 b.赠品条必须在收货组粘贴好，经防损课检查后方可进入卖场，严禁促销员私存赠品条 c.理货员、促销员要妥善保管好赠品，赠品原则上与商品进行捆绑销售 d.商品组应提前告之收银组发放商品的名称和数量
④出库控制	a.大宗业务的出库商品应根据出库商品的编码、数量、规格确认后经防损员核验后方可出门 b.防损员在办理出库时应严格监控核对出库商品和随行单据的编码、数量、品名、规格填写正确无误后留存一联方可放行 c.出库商品办理出库手续后应立即出门，不得寄存卖场内

图3-16

流程名称	详细解读
⑤收银控制	a. 收银员发现顾客手上有商品未扫描时应礼貌地询问顾客是否买单 b. 对有赠品的商品应认真核对赠品的数量、规格是否相符 c. 对不能扫码的商品应及时通知组长与店面联系，立即处理并耐心为顾客解释 d. 对商品进行例行防盗检查
⑥盘点控制	a. 盘点前将仓库、非牌面商品按要求分类整理好，对新员工进行培训和熟悉商品 b. 对收银员的输单和信息员的录入过程进行监督；对调整较大的单品重点稽核

图3-16　非生鲜商品大类损耗控制流程

 内容三：开业期间的商品损耗控制

❶ 内容解读

在开业期间，顾客通常相当多，顾客为抢购各种促销商品引起的损耗较大，且各种偷盗行为非常猖獗，对商场（超市）的损耗控制提出了更高的要求。商场（超市）要从收货管理、商品陈列、仓库管理等众多方面做好防损工作。

❷ 具体流程

开业期间的商品损耗控制流程如图3-17所示。

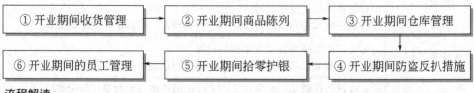

流程解读：

流程名称	详细解读
①开业期间收货管理	a. 根据商场（超市）收货情况安排3～4名责任心较强的防损员作为专职的收货防损员，任何人员不得调动安排其他工作任务，开业损耗控制在标准范围适当予以奖励 b. 收货开箱率必须按照公司的要求进行验收，贵重物品100%开箱验收 c. 每日对收货单据进行日清，对所有收货单据进行仔细核对 d. 开业当天不收货（生鲜除外），规定收货的时间 e. 理货员、导购员要妥善保管赠品，并与商品进行捆绑销售，各部门应提前通知收银部有赠品发放商品的名称和数量

图3-17

流程名称	详细解读
②开业期间商品陈列	a.重点易盗商品100%的防盗标签投放后再做陈列 b.不适合投放防盗标签的重点易盗商品（如口香糖、巧克力）限量陈列，甚至推迟三天陈列 c.注意高档瓶装商品（如高档酒、橄榄油）陈列安全，防止顾客拥挤导致摔碎 d.散装食品（如开心果、牛肉干）打包后粘贴软标再陈列，并尽量陈列在主通道顾客较多的地方或者监控摄像头下面 e.炒作商品陈列的位置要有利于顾客秩序的维护，不要陈列在主通道上 f.散装的炒作商品打包陈列并做好称重等前期准备工作
③开业期间仓库管理	a.在仓库门口粘贴显眼的标识，防止顾客进入仓库 b.在仓库建立人员进出登记表、商品进出登记表，对进出的人员、商品进行严格的控制 c.安排专人进行仓库管理，对仓库内人员的行为进行监督、控制
④开业期间防盗反扒措施	a.防损组对重点易盗商品（日化、奶粉、休闲食品、腊制品等）安排专人盯守 b.将各重点排面进行区域划分，责任到人；对责任人所划分的区域进行定点定岗 c.重点商品区域的员工对顾客的异常购物行为，必须100%进行跟踪销售，或通知负责该区域的专职巡视人员 d.加大防盗标签的投放量，对重点易盗的商品、床上用品、针棉服饰、鞋类进行100%的防盗标签投放 e.商场（超市）在开业期间在重点区域（日化区、奶粉区、腊制品等）增设临时收银台
⑤开业期间拾零护银	a.开业当天收银区防损员对顾客遗留在收银区的商品进行集中放置，商场（超市）必须分食品、非食品、生鲜安排专门人员对收银台遗留商品进行及时归位 b.商场（超市）在开业当天应停止购物车的使用，对购物篮安排专人进行收集和定点放置，保证购物篮的正常周转 c.开业当天，商场（超市）应安排专人负责收银员的临时缴款及换零工作，缴款和换零时应有3人以上的人员一起，以确保现金的安全
⑥开业期间的员工管理	a.开业前必须确定全体员工的上下班路线，安排值班制度、分批就餐制度 b.商场（超市）员工不得预留所有特价商品，一经查实，一律辞退 c.所有员工包裹一律放置自用品柜，不得进入卖场

图3-17 开业期间的商品损耗控制流程

【附 录】

附录3-1 ××商场新品进店协议

甲方单位名称：_____ 联系电话：_____
甲方单位地址：_____ 联系人：_____
乙方单位名称：_____ 联系电话：_____
乙方单位地址：_____ 联系人：_____

为进一步促进销售，甲方将推出部分新产品在乙方进行销售，现就新产品的进店双方达成如下协议。

（1）甲方将委托丙方负责此次新产品的供应工作。

（2）本次新产品的进店计划见下表（商场类型：卖场、超市、传统店、小店、便利店）。

新产品进店计划

编号	新品名称	规格	进店日期	进店条码	零售店进价	零售店出价
1						
2						
3						
4						

注：如本表尚不足列出所有进店的品项，请另附同等格式的表格作为附件。

（3）乙方同意对上述进店产品提供相应的条形码以确保销售，甲、乙双方同意新品费按_____元/种进行收取，此次新产品进店数量共为_____种，进店费用共计人民币_____元。

（4）此费用将按照以下第_____种方式进行支付。

①一次性付清全部新产品进店费用，付款日期为_____年_____月_____日前。

②共分_____次付清全部新产品进店费用，每次金额为_____元。付款日期具体见下表。

付款日期

付款日期					
付款金额					

③其他方式（请注明）_____。
（5）甲方支付促销费按_____种方式支付丙方。①由甲方银行付款，付款人名称_____开户银行_____，银行账号_____。②由丙方账扣甲方货款。③以同等价值的甲方产品支付。
（6）陈列费结账方式为①时，丙方向甲方提供相同金额的收款单位服务业发票，发票抬头：_____。丙方承诺在收到货款后____日内，提供服务性发票给甲方。乙方需提供甲方相关进店产品价格标签，作为新品进场凭证。
（7）乙方在收费并收到丙方供货后，乙方应保证甲方产品及时上架销售，并保证日常的补充。
（8）新产品进店是在双方签署协议后确定的，在未经甲方认可的情况下，乙方不得随意撤架或撤销条码，否则甲方有权要求收回已支付的进店费用。
（9）本协议一式贰份，分别由甲、乙双方盖章后生效，双方各存一份。
（10）本协议未尽事宜，将由甲、乙双方协商解决。
（11）由本协议引起的所有争议，双方协议解决，协议不成，提交甲方所在地人民法院诉讼解决。

甲方：_____　　　　乙方：_____
签署人及盖章处：_____　　　　签署人及盖章处：_____
签署日期：_____　　　　签署日期：_____

附录3-2　××商场商品退场管理规定

1　目的
为加强本商场商品退场管理，特制定本规定。
2　适用范围
本规定适用于商品退场管理。
3　管理内容
3.1　供应商申请退场商品
3.1.1　供应商因商品销售业绩不佳或商品结构调整以及其他不能避免的特殊原因而申请撤场，必须由供应商提前两个月写出退场书面申请，加盖公章或由本人签字认可，由楼层管理人员签署楼层意见（调整或清退），报招商部。
3.1.2　招商部根据相关依据进行评议并批复。
3.1.3　招商主管填写"商品退场审批表"报财务部、工程部、保安部门审核，由相关部门负责人审核签字。
3.1.4　店长签批意见。
3.1.5　供应商根据审核通过的"商品退场审批表"填写"物品出门单"，办理该商品的全部商品退场。

3.2 商场决定清退的商品

3.2.1 招商部根据与供应商的合同约定和商品在合同期限内总体销售排名,或商品在同类区域、同类商品销售排名情况,提出商品清退方案,写出书面分析,招商部组织召开业务评审小组会议,集体决定清退商品。

3.2.2 楼层根据业务评审小组决定,通知供应商限期退场。

3.2.3 供应商和楼层管理人员根据商场要求办理退场相关手续,程序同上。

3.3 注意事项

3.3.1 供应商如连续三个月达不到与商场约定的销售目标或连续三个月在同类区域、同类商品销售中排名靠后,商场有权终止合同履行并通知供应商撤场。

3.3.2 供应商未经商场批准,中途擅自撤货退场,商场有权自撤货之日起至合同期满之日止,依以前单日最高营业额为准至合同终止期计算商场应得销售分成。

3.3.3 财务部负责审核供应商和商场双方往来款项,凡双方约定费用尚未清偿的,应清偿后再结算;不足清偿的,商场有权留置供应商商品并变卖追索。

3.3.4 退货运费由供应商承担,属供应商提供的柜台、模特、道具等器具需退场时经楼层主管签字认可方可带出。

3.3.5 对于供应商退场后发生的商品售后问题,商场将依据合同留置质量保证金(质量保证金在退场后三个月如无质量投诉全额退还),如发生质量投诉将扣除相应的费用后退还。

3.3.6 "商品退场审批表"批准后,供应商应及时完成全部商品、区域内所有供应商道具的退场,特殊情况需经店长批准。

学习回顾

经过本章内容的学习,想必您已经掌握了不少学习心得,请仔细填写下来,以便继续巩固学习。同时,如果您在学习中遇到了一些难点,也请如实写下来,然后可以进行重复学习,以彻底解决学习难点。

学习心得	学习难点
1._____	1._____
2._____	2._____
3._____	3._____
4._____	4._____
5._____	5._____

第四章 促销管理

学习目标

1. 了解如何实施促销活动策划。
2. 了解如何制作与发放促销海报。
3. 了解如何实施均价促销法。

第一节 促销规划

内容一：促销活动策划

1. 经营要点

促销活动是提升商品销量、吸引顾客流量的重要手段,促销活动策划就是提前规划好整个活动流程。商场(超市)要做好促销活动的策划工作,为促销活动的顺利完成做好准备。

2. 管理流程

促销活动策划流程如图4-1所示。

流程解读：

流程名称	详细解读
①明确促销主题	开展促销工作，首先就要明确促销主题，常见主题如下： a.节假日促销，如春节促销、情人节促销 b.提升销量促销，即为了提升销量而进行的特定促销 c.周期性促销，如每周或每半个月一次的促销
②确定促销周期	无论是哪种促销主题，都要确定促销周期，以便对价格进行调整，节假日促销周期可以提前半个月或一周
③确定促销商品	商场（超市）要确定参与促销的商品类别，主要如下： a.节假日促销应选择节假日专供商品，如月饼、粽子等 b.提升销量促销和周期性促销要重点选择销量不佳的产品
④确定促销价格	a.商场（超市）要综合考虑各项因素，确定各商品的促销价格 b.确定价格时，商场（超市）要与供应商进行协商供货等事宜
⑤编制促销预算	编制促销预算要做好以下2项工作： a.综合考虑所有开支 b.确定各部门的具体预算
⑥编制策划方案	经过以上步骤，最终编制成策划方案，对促销的各项安排都进行记录，使促销活动按照方案要求逐步开展

图4-1　促销活动策划流程

 内容二：促销海报的制作与发放

1. 经营要点

促销海报是用来展示促销商品的重要工具，顾客可以通过促销海报直接了解促销活动的具体内容，并可以根据海报实施购买行为。

2. 管理流程

促销海报的制作与发放流程如图4-2所示。

①确定促销商品 → ②制作海报 → ③印刷 → ④海报发放

流程解读：

流程名称	详细解读
①确定促销商品	制作海报前，制作人员要确定所有促销商品，明确其名称、图片、条形码、促销价格、促销期限等各项信息
②制作海报	a.制作海报一般可使用Coreldraw、Illustrator、Photoshop等图形软件 b.确定商品的排列版面，一般是按照部门排列，如干货专区、服装专区、洗护用品专区等 c.一般将降价幅度最大、最具性价比的商品放在海报首页 d.海报价格要准确，色彩要鲜艳，商品排列合理，方便顾客辨认
③印刷	选择合适的印刷公司，将制作好的海报印刷出来
④海报发放	a.将制作好的海报放在商场（超市）入口处，方便顾客拿取 b.安排专人到周围人流密集处发放海报

图4-2　促销海报的制作与发放流程

内容三：促销调价

1. 经营要点

促销工作中，调价是一项常规工作，调价适合于定期的、批量的促销活动期，同时必须按流程进行。

2. 管理流程

促销调价流程如图4-3所示。

内容四：促销备货

1. 经营要点

促销商品的销售速度一般很快，因此，商场（超市）要提前做好备货工作，备足货源。

2. 管理流程

促销备货流程如图4-4所示。

流程解读：

流程名称	详细解读
①洽谈	采购人员与供应商就促销的具体情况进行洽谈，洽谈基本内容如下： a.促销商品数量、周期 b.调价幅度 c.日常优惠
②填单	采购人员与供应商洽谈取得一致后，填写DM促销调价申请单
③审核	采购经理审核促销调价申请单并签字确认
④录入	信息部录入人员依据采购经理审核后的促销调价申请单录入，并保存（在物价管理系统、促销计划、促销安排中操作）
⑤存档	录入员将促销调价申请单存档备查

图4-3　促销调价流程

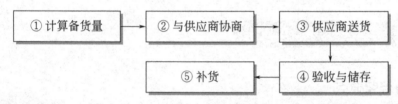

流程解读：

流程名称	详细解读
①计算备货量	备货量要根据商品预期销量确定，商场（超市）首先要预估所有促销商品在促销期内的预期销量，然后减去现有存量，即可得出最终备货量
②与供应商协商	促销期间的供货往往会打乱常规供货程序，因此，商场（超市）要与供应商进行协商，确定各种供货细节
③供应商送货	a.一次性送货，即在促销活动开始前一次性送到 b.批量送货，即随着促销活动开展，逐批送货
④验收与储存	仓库验收人员按照常规程序进行验收，并入库储存
⑤补货	促销活动期间，如果商品销量超出备货量，商场（超市）要及时通知供应商进行补货，以维持促销活动的继续开展

图4-4　促销备货流程

开展促销活动必须做好备货，防止备货过少很快卖完，导致缺货的发生，因为一旦发生缺货，顾客可能会认为商场（超市）是在"假促销"。

内容五：促销退货

1 经营要点

促销前，商场（超市）会进行备货，促销活动结束后，有些商品未能售完，而商场（超市）又不需要过多库存，则需要进行退货。如中秋节促销，未卖完的月饼应退还给供应商。

2 管理流程

促销退货流程如图4-5所示。

流程解读：

流程名称	详细解读
①事前约定	商场（超市）应当与供应商事前约定退货的各项规定，因为开展促销工作，很难保证所有促销商品都卖完，因此，必须安排好退货
②促销	商场（超市）要尽力进行促销，推动所有商品销售完毕，避免产生存货
③通知	退货前，商场（超市）要先通知供应商，与供应商就退货时间、数量等取得一致
④准备退货	a.打印退货商品清单，列出所有退货 b.商场（超市）员工根据清单准备从仓库中整理出各种退货 c.设置专门的退货区域用于摆放退货商品
⑤实施退货	a.一般是由供应商派车来接收退货 b.供应商派人来到以后，退货人员要与供应商做好退货的清点、检验工作，检验无误后，并办理好退货手续，协助供应商人员装车、运走

图4-5 促销退货流程

第二节 促销方法

1 经营要点

消费者在购买或消费时，心理上容易接受意外的收获，即使赠品毫无用处，消费者还是会带着"赚"了的感觉满意而归的。

买空调赠微波炉、买西服送名牌衬衣、吃肯德基送玩具……时下随处可见的随购赠礼法正是利用这种心理来促销的，并且这种方法比竞相降价推销法要高明得多，特别是当消费者熟悉了商店倾销积压而采用打折宣传手法后，随购赠礼比降价更让消费者感到可信。

2 管理流程

赠品促销法的运用流程如图4-6所示。

①明确受赠对象 → ②初步选定买赠商品 → ③赠品备货 → ④实施赠送

流程解读：

流程名称	详细解读
①明确受赠对象	只有明确受赠对象和范围，促销活动才是积极而有效的，逢人便送、见人就给，固然能造成一时的轰动效应，但不分青红皂白、不分对象的"大轰炸"，常常是钱花不到点子上，因为受赠者中极少是你商品现在或将来的用户
②初步选定买赠商品	商场（超市）要初步选定买赠商品的类别，用于"买"的商品一般是单价较高、毛利较高的商品，而赠品则是单价较低的商品，或者是由供应商单独提供的产品
③赠品备货	a. 商场（超市）可以将一些单价很低的商品转为赠品，与单价高的商品捆绑销售，因此要提前备货 b. 如果由供应商提供赠品，则应与供应商协商具体的备货量，并在活动开始之前安排赠品的验收、入库
④实施赠送	a. 挑选客流较大的时间开展活动，如周六、周日、各重要节日等 b. 将免费赠送活动与社会公益活动恰当地结合起来，这样往往会收到较好的社会效益和经济效益

图4-6 赠品促销法的运用流程

内容二：限时促销法

1. 经营要点

限时促销是指商场（超市）决定在一段较短的时间内对某些商品进行降价销售，以提升销量和销售额，过了时限则恢复原价。通过限时促销可以创造一种"现在不买，待会儿就没有了"的感觉，鼓励顾客立刻购买。

2. 管理流程

限时促销法的运用流程如图4-7所示。

流程解读：

流程名称	详细解读
①确定促销商品	适用于限时促销的商品一般包括： a.库存较高，日常销量较低的商品 b.单价较高的商品 c.刚刚上市的新品
②确定限时期限	限时促销的时间不应当过长，否则就失去了"限时"的价值，一般应在一天之内
③申请与审批	促销工作人员要及时填写"限时促销折让申请单"，向上级申请促销价格的折让幅度，审批通过后才能正式实施促销
④实施促销	a.提前准备好商品存货 b.设置限时促销专区，将商品摆放在专区中 c.编写POP牌，悬挂于促销区域，使顾客看到
⑤促销结束后处理	a.限时促销结束后，要迅速将价格调整回原价 b.撤销限时促销专区 c.在服务台等区域张贴说明，告知顾客，限时促销已结束

图4-7 限时促销法的运用流程

图解商场超市经营与管理

内容三：积分促销法

❶ 经营要点

积分促销是商场（超市）开展促销的一种常用方法，比如，购物满1000元积1分，每10分可兑换一瓶可乐，每100分可兑换一箱凉茶等，通过积分的方式促进顾客多进行购物。

❷ 管理流程

积分促销法的运用流程如图4-8所示。

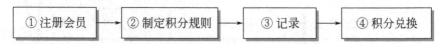

流程解读：

流程名称	详细解读
①注册会员	积分促销一般针对商场（超市）的会员顾客，顾客要获取积分，首先要注册成为商场（超市）的会员，并由商场（超市）发放会员卡，所有积分记录在会员卡内
②制定积分规则	a.商场（超市）要提前制定积分规则，主要是确定消费多少钱积多少分、多少分兑换什么商品等 b.积分兑换的商品应保持稳定，如10个积分兑换一瓶250毫升的可口可乐，不能随意变换，以免使顾客认为积分的价值下降
③记录	顾客每次通过会员卡结账后，系统应自动计算出相应积分，并添加到顾客账户中
④积分兑换	a.顾客需要用积分兑换商品时，服务台员工要按流程办理兑换手续 b.兑换完毕后，从顾客账户中扣除相应数目的积分

图4-8　积分促销法的运用流程

有时，商场（超市）为促进某类商品的销量，会提出购买该商品，可单独计算积分，以增加顾客购买的兴趣。

内容四：均价促销法

1. 经营要点

均价促销法是指将各种价格相近、具有一定相关性的商品统一设成同一价格，来促进销售的方法。商场（超市）可以设置1元商品、5元商品、10元商品等，使顾客可以一并购买。

2. 管理流程

均价促销法的运用流程如图4-9所示。

流程解读：

流程名称	详细解读
①确定均价商品	均价商品必须具备以下特点： a. 价格相近的商品 b. 价格较低的商品 c. 具有相关性的日常用品
②整理	将各价位均价商品整理出来，放在一起
③设置销售专区	a. 为均价商品设置专门的销售区域，并划分"1元区"、"5元区"等 b. 将准备好的商品按类别准确陈列在销售区域
④补货	均价商品一般价格较低，销量很快，商场（超市）人员要做好补货工作
⑤放回货架	均价促销结束后，要将商品按类别放回到原来的货架，继续正常销售

图4-9 均价促销法的运用流程

【附　录】

 附录4-1　××商场DM促销调价申请单

部门：					年　月　日	
供应商名称				促销期号		
供应商编号			销售起止日期			
商品编号	商品名称	促销进价		促销售价	结算方式	进价起止日期

申请人：　　　　　采购经理：

 附录4-2　××商场限时促销折让申请单

部门：		部类编号：			年　月　日	
开始日期				结束日期		
时间1		折让率1		时间2		折让率2
时间3		折让率3		时间4		折让率4
时间5		折让率5		时间6		折让率6
商品编号		商品名称			单位	原售价

申请人：　　　　　经理：　　　　　店长：

第四章 促销管理

学习回顾

经过本章内容的学习,想必您已经掌握了不少学习心得,请仔细填写下来,以便继续巩固学习。同时,如果您在学习中遇到了一些难点,也请如实写下来,然后可以进行重复学习,以彻底解决学习难点。

学习心得	学习难点
1.	1.
2.	2.
3.	3.
4.	4.
5.	5.

第五章 采购管理

学习目标

1. 了解如何选择供应商。
2. 了解如何进行供应商沟通。
3. 了解如何对供应商进行评价。

第一节 供应商管理

内容一：供应商选择

❶ 经营要点

供应商是商场（超市）商品的供应方，做好供应商管理，为商场（超市）选择质量合格的供应商才能确保所选购的物品质量符合商场（超市）要求，从而避免采购到劣质产品，造成商场（超市）损失。

供应商选择的基本要求是质量、成本、价格并重，在这三者中，质量因素是最重要的，其次是成本与价格。

❷ 管理流程

供应商的选择流程如图5-1所示。

第五章 采购管理

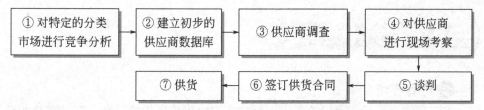

流程解读：

流程名称	详细解读
①对特定的分类市场进行竞争分析	在供应商开发的流程中，首先要对特定的分类市场进行竞争分析，要了解谁是市场的领导者？目前市场的发展趋势是怎样的？各大供应商在市场中的定位是怎样的？从而对潜在供应商有一个大概的了解
②建立初步的供应商数据库	在以上分析的基础上，就可以建立初步的供应商数据库并做出相应的产品分类，如用品类、设备类等
③供应商调查	接下来就是寻找潜在供应商了，也就是对其进行调查，经过对市场的仔细分析，采购人员可以通过各种公开信息和公开的渠道得到供应商的联系方式，而这些渠道包括现有资料、供应商的主动问询和介绍、专业媒体广告、互联网搜索等方式，调查工作可以使用"供应商调查表"进行
④对供应商进行现场考察	通过供应商调查可以初步确定几家供应商，然后对其进行现场考察，考察要点如下： a.考察交货准确率、稳定性 b.考察是否愿意积极配合促销活动 c.考察期快速响应能力 d.现场考察应做好记录，记录在"现场考察记录表"中
⑤谈判	现场考察后，商场（超市）可以基本上确定几家主要供应商，可以与其进行谈判，谈判基本内容如下： a.供应商品的种类 b.供应商品的价格 c.货款结算期限 d.交货验收程序
⑥签订供货合同	经过以上各个步骤，商场（超市）就可以最终选定达成一致的供应商，并与其签订供货合同
⑦供货	a.合同签订后，供应商要按照合同要求准时、保质供货 b.商场（超市）则在约定的付款期限内付款

图5-1 供应商的选择流程

内容二：供应商进场

1 经营要点

签订采购合同后，商场（超市）就应当安排供应商正式进场，开始商品的销售工作。

2 管理流程

供应商进场流程如图5-2所示。

流程解读：

流程名称	详细解读
①办理手续	商场（超市）与供应商签订采购合同后，就应当办理供应商正式入场的手续 a.采购部持"供应商进场（合同）审批单"及合同文本，到总经办盖章 b.总经办认真核对"供应商进场（合同）审批单"与合同文本的一致性，然后请店长在合同文本上签字后予以加盖公章 c.商场（超市）要将供应商及商品资料建档，录入系统
②安排货架	商场（超市）要与供应商协商好陈列量，商场（超市）为供应商的商品腾出货架
③初次采购	商场（超市）向供应商发送订单，进行初次采购
④收货	供应商送货到店后，商场（超市）安排验收与收货，并做好储存工作
⑤陈列	将供应商的商品陈列到预留的货架上，开始销售工作

图5-2 供应商进场流程

内容三：供应商评价

1 经营要点

供应商评价是指持续不断地对现有供应商保持监督控制，观察其是否能够实现预期绩效，对新供应商进行甄别，看其潜力是否能达到商场（超市）日常销售所需水平的过程。

② 管理流程

供应商评价流程如图5-3所示。

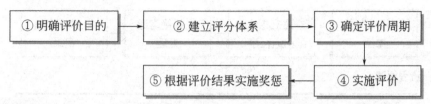

流程解读：

流程名称	详细解读
①明确评价目的	评价目的如下： a.掌握供应商的经营概况，确保其供应的产品质量符合商场（超市）的需要 b.了解供应商的能力和潜力 c.协助供应商改善质量，提高交货能力
②建立评分体系	a.供应商的评分体系是指对供应商各种要求所达到的状况进行计量评估的评分体系，同时也是为了综合评价供应商的质量与能力的体系 b.不同商场（超市）的供应商的评分体系不尽相同，但通常都有交货质量评分、配合状况评分、交货及时评分等三个主项，商场（超市）可以以这三个项目为重点，对供应商进行评价
③确定评价周期	商场（超市）对供应商的评价通常每季度或每年进行一次
④实施评价	a.商场（超市）按制度规定的周期对供应商进行评价 b.在评价过程中最好制定一些标准的表格，以用于评价工作中
⑤根据评价结果实施奖惩	依据评价的结果，给予供应商升级或降级的处分，并根据采购策略的考虑，对合格、优良的供应商予优先议价、优先承揽的奖励，对不符合标准的供应商予以拒绝往来的处分

图5-3 供应商评价流程

内容四：供应商沟通

① 经营要点

供应商沟通就是定期或不定期与供应商进行交流，通过交流交换彼此的意

见。沟通的状况,应当作为供应商的表现之一(而且是表现的重要内容),并将其纳入对供应商的监督、评价之中,作为评定其等级的条件。

❷ 管理流程

供应商沟通流程如图5-4所示。

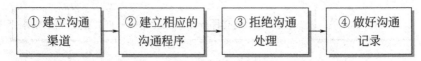

流程解读:

流程名称	详细解读
①建立沟通渠道	要进行双向沟通,首先必须有沟通渠道,而商场(超市)通常会规定这种沟通渠道,因此采购主管应该好好利用这些渠道,沟通渠道包括: a.负责沟通的部门及人员 b.供应商接受沟通的部门及人员 c.沟通的方式,如电话、互联网、信件、联席会议、走访等
②建立相应的沟通程序	为了使双向沟通更有效,商场(超市)和供应商都应建立相应的程序,而该程序应当规定定期沟通和不定期沟通的时间、条件、内容、沟通方式等,如每月举行一次沟通会议等
③拒绝沟通处理	对拒绝沟通或沟通不及时的供应商,则要让其限期改进,如果供应商不改进,就应考虑将其从"合格供应商名单"中除去
④做好沟通记录	每次沟通都应当做好记录,要注意记录参与沟通的人员、沟通的内容、沟通需要解决的事项等

图5-4 供应商沟通流程

内容五:供应商激励

❶ 经营要点

供应商激励是指对供应商进行必要地激励,通过激励提高供应商供货的积极性。对供应商实施有效的激励,有利于增强供应商之间的适度竞争,这样可以保持对供应商的动态管理,提高供应商的服务水平,降低商场(超市)采购的风险。

2. 管理流程

供应商激励流程如图5-5所示。

①建立激励标准 → ②选择激励方式 → ③检查激励效果

流程解读：

流程名称	详细解读
①建立激励标准	激励标准是对供应商实施激励的依据，商场（超市）制定对供应商的激励标准需要考虑以下因素： a.商场（超市）采购商品的种类、数量、采购频率、货款的结算政策等 b.供应商的供货能力，可以提供的物品种类、数量 c.供应商的供货记录，可参考"供应商供货情况历史统计表"或"供应商交货状况一览表"
②选择激励方式	按照实施激励的手段不同，可以把激励分为两大类：正激励和负激励 a.正激励是根据供应商的绩效评价结果，向供应商提供的奖励性激励，目的是使供应商受到这样的激励后，能够"百尺竿头，更进一步" b.负激励则是对绩效评价较差的供应商提供的惩罚性激励，目的是使其"痛定思痛"，或者将该供应商清除出去
③检查激励效果	实施激励之后，商场（超市）要采取一定的调查方法，对激励效果进行调查，以确认激励是否有效，如果激励效果不够好，则可以对激励的方式进行必要的调整

图5-5 供应商激励流程

 内容六：供应商档案管理

1. 经营要点

要做好对供应商的管理，必须做好对档案的管理。档案包括供应商的基本资料，如公司名称、住址、电话、负责人、资本额、营业登记证字号、年营业额等，建立基本资料卡，并由电脑来存档并管理，以便随时查阅。

2. 管理流程

供应商档案管理流程如图5-6所示。

图解商场超市经营与管理

流程解读：

流程名称	详细解读
①建立供应商档案	a.当商场（超市）与供应商签订供货合同，并开始合作之后，就要建立供应商档案 b.商场（超市）应当为每个供应商设置一个独有的编码，以方便管理
②日常记录	在供应商日常供货过程中，对其供货情况进行记录，如供货品质、供货及时性等
③评价记录	每次对供应商进行评价之后，都要将供应商的成绩记录在档案中
④定期整理	a.定期对供应商档案进行整理，使其保持良好的秩序 b.对不再合作的供应商，要将其档案从正常供应商档案中分离出来，分区放置

图5-6 供应商档案管理流程

内容七：供应商淘汰

1 经营要点

供应商淘汰是指将不符合商场（超市）供货要求，丧失供货资格的供应商淘汰出场。

2 管理流程

供应商淘汰流程如图5-7所示。

流程解读：

流程名称	详细解读
①检查	a.采购部每周对已入场三个月供应商进行一次检查，编制供应商销售排行榜 b.采购部列"供应商经营情况一览表"，内容包括编号、供应商名称、进场日期、品种数、平均日销、结款方式、库存金额等

图5-7

流程名称	详细解读
②考察	a.采购部对供应商的供货情况及其商品销售情况进行考察，确定是否保留其供货资格，对不合格的供应商应取消其供货资格 b.采购部编制"供应商淘汰申请表"，交店长审核
③审批	a.店长审核通过，则确定该供应商被淘汰 b.采购部将该供应商资料订为不可订或不可进，并编制淘汰供应商名单
④退货	a.将商场（超市）内尚存的商品全部下架，集中起来，做退货处理 b.通知供应商前来取回退货
⑤结清货款	a.财务部汇总并收取相关费用 b.财务部结清供应商余款

图5-7 供应商淘汰流程

第二节 采购作业

内容一：基本采购流程

1. 经营要点

采购一般包括系统采购和人工采购两种方式。人工采购是指通过电话、传真等方式进行的采购，而系统采购是指通过一些零售商务软件实施的采购方式。一般来说，商场（超市）会安装用友、金蝶等软件公司开发的专用的商务软件，用于日常进货、出货、结算货款等工作，如果供应商也安装了同样的系统，商场（超市）就可以通过系统直接向供应商下达采购订单，供应商会按订单要求直接送货。

目前，具有一定规模的商场（超市）大都采取系统采购的方式进行采购。

2. 管理流程

基本采购流程如图5-8所示。

图解商场超市经营与管理

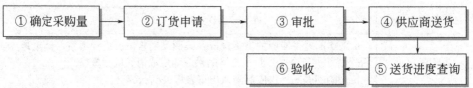

流程解读：

流程名称	详细解读
①确定采购量	采购人员要先确认每次采购数量，应考虑以下因素： a.商品销量 b.实际库存，既要通过系统查询，也要到仓库核实数量 c.促销的需要，如果有促销活动，可以扩大订购量
②订货申请	a.确定数量后，采购人员通过系统提出采购申请 b.可以将订单打印出来，做存档之用
③审批	a.上级采购主管对采购申请进行审批 b.审批通过后，则正式通过系统向供应商发送采购订单
④供应商送货	供应商的系统接到订单后，按订单要求备货、送货
⑤送货进度查询	采购人员定期通过系统查询送货进度，如果进度显示为"在途"，则表明商品仍在途中
⑥验收	供应商送货到店后，商场（超市）及时安排验收，并入库储存

图5-8 基本采购流程

内容二：特价商品采购

❶ 经营要点
特价商品采购是指用于促销活动的采购，对商品的需求量往往非常大。

❷ 管理流程
特价商品采购流程如图5-9所示。

内容三：加急商品采购

❶ 经营要点
加急商品是指销量很快，商场（超市）急需的各类商品，对加急商品的采购必须快速进行。

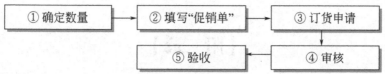

流程解读：

流程名称	详细解读
①确定数量	采购人员核实库存量及日均销量，确定特价商品补货数量
②填写"促销单"	采购人员根据特价内容及特价商品补货数量填写"促销单"
③订货申请	采购人员根据促销单提出采购申请，填写采购申请单，交采购经理审核
④审核	采购经理对采购申请单进行审核，审核通过后，向供应商发送订单
⑤验收	供应商送货到店后，商场（超市）及时安排验收，并入库储存

图5-9 特价商品采购流程

2. 管理流程

加急商品采购流程如图5-10所示。

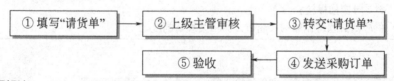

流程解读：

流程名称	详细解读
①填写"请货单"	理货员根据加急商品缺货情况填写"请货单"，要求填写清楚商品的名称、货号、数量、缺货原因后交给上级主管
②上级主管审核	上级主管根据卖场内该商品的陈列货位的缺货情况和该商品的库存进行审核，并对缺货原因进行核实，同时在请货单上签字确认并标明加急字样
③转交"请货单"	理货员将店长审批后的"请货单"交到采购部，由采购经理签字确认
④发送采购订单	a.采购人员对"请货单"进行编辑后生成订单，并对其审核 b.采购人员向供应商发出采购订单
⑤验收	a.供应商根据订单加急备货、送货 b.送货到店后，商场（超市）及时安排验收，并入库储存

图5-10 加急商品采购流程

【附　录】

 附录5-1　××超市供应商管理规定

1　目的
为规范超市供应商管理，特制定本规定。
2　适用范围
本规定适用于超市供应商管理。
3　管理内容
3.1　必须对准备进货的产品进行验证，并索要必要的证件。
3.2　要求供应商认真填写"供应商自查备忘录"，并索要样品进行验看，有效的、合格的法规文件存档。
3.3　认真检查产品标志是否齐全、合法，包装质量是否合格，并对商品进行感官检查，同时，应结合产品特点检查其特定项目是否合格。
3.4　检查产品应具有的技术资料（产品标准、检验报告等）是否齐全、完整、合法，并存档，必要时应抽样检验。
3.5　供应商必须遵循商场（超市）的相关规章制度。

 附录5-2　××超市商品进货管理规定

1　目的
为规范本超市商品进货管理，特制定本规定。
2　适用范围
本规定适用于超市商品进货管理。
3　管理内容
3.1　供应商于送交货物时必须填写进货验收单一式三联，详细写明送货内容及订购单号码，连同所送的货品送到指定的收货处，并由验收组收货人员进行验收。
3.2　验收组核对进货验收单与订购单无误后，在进货验收单上签章，将第一联退供应商作为送货的凭证。验收组将进货验收单的号码抄录在货品上，同时在订购单上填写进货验收单号码与收货日期。
3.3　验收组根据进货验收单检查及核实下列各项：货品编号、品名规格、交货者名称、交货数量、实际接收数量、收货日期。

3.4 验收组若发现送来的货品混有其他货品或有其他特殊状况时,必须在进货验收单接收状况栏内写明,作为品质检验的参考。

3.5 验收组在进货验收单上填入必要内容并核章后对货物进行质量检验工作。验收时应注意货号、品名、规格、数量或重量、包装、品质、有效日期、进价等事项。验收无误的商品,由验收组以彩色笔将该货品的储位书写在货品包装上,以便存放定位。

3.6 验收组在验货时如有溢收数量(重量),应通知采购部视实际情况补开进货验收单,否则拒收。

3.7 验收组应依据进货验收单,每日提出应交未交物品,供采购组跟催,次月5日前应提出超交、欠货资料。

3.8 验收组将交货实况填入"供应商资料卡"交货资料各栏后办理入库手续。如验收后发现与所需不符,则通知供应商进行退货处理。

 附录5-3　××商场供应商调查表

企业名称:		联系人:	
详细地址:		邮编:	
主要产品:	电话:		传真:
	电子信箱:		网址:
	企业性质:		固定资产:
	成立日期:		员工总数:
企业概况:(主要产品生产能力、主要工艺及检测设备等)			
现配套情况:(包括与股份商场及股份商场以外企业的配套情况)			
评估:			
评估单位、部门:	评估人:	联系电话:	日期:

附录5-4 ××商场供应商供货情况历史统计表

供货名称								
供应商名称								
序号	批送月份	交货期信用记录				交货质量状态记录		其他事项
		合同数量/份	依时完成数量/份	尚未完成数量/份	完成合格率	验收合格/批	验收不合格/批	备注
1	年 月份							
2	年 月份							
3	年 月份							
4	年 月份							
5	年 月份							
6	年 月份							
7	年 月份							
8	年 月份							

核准： 审核： 制表：

附录5-5 ××商场供应商交货状况一览表

分析期间： 年 月 日

供应商编号			供应商简称			所属行业			
总交货批次			总交货数量			合格率			
合格批数			换货批数			退货批数			
检验单号	交货日期	物品编号	名称	规格	交货量	计数分析	计量分析	特检	最后判定
	月 日								
	月 日								
	月 日								
	月 日								

制表： 审核：

第五章　采购管理

学习回顾

经过本章内容的学习，想必您已经掌握了不少学习心得，请仔细填写下来，以便继续巩固学习。同时，如果您在学习中遇到了一些难点，也请如实写下来，然后可以进行重复学习，以彻底解决学习难点。

学习心得	学习难点
1._____	1._____
2._____	2._____
3._____	3._____
4._____	4._____
5._____	5._____

第六章 物流管理

学习目标

1. 了解如何实施验收作业。
2. 了解如何做好验收后处理。
3. 了解如何做好储存工作。

第一节 验收与储存管理

 内容一：验收作业

❶ 经营要点

当供应商将商场（超市）采购的商品送到后，商场（超市）应积极开展验收作业，验收工作必须严格按标准进行，不合格的不予验收。

❷ 管理流程

验收作业流程如图6-1所示。

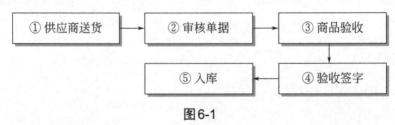

图6-1

第六章　物流管理

流程解读：

流程名称	详细解读
①供应商送货	供应商送货到商场（超市）后，应将货物放置在规定的验收区域内
②审核单据	收货员先审核供应商原始出库单与采购订单的商品单价与箱容是否一致，如果单价与箱容不一致，由验货员手工在订单上修改，如送货量未达到订货量的50%，由采购确认是否收货
③商品验收	收货员、理货员、供应商三方按验收标准逐一验收，验收标准如下： a.收货验收时，禁止同时验收几家的商品，要逐家、逐件、逐品，一次性验收完一张订单所有订购的商品 b.认真核对订单上所开列的商品品名、规格、条码与实物是否相符 c.认真验收商品数量，对整件商品开箱验货，散件细查，散货过秤核斤 d.认真核查商品规格，订单上的规格与实物规格是否一致，有无以小充大现象 e.对变质、破损、顶期或已过保质期的商品拒收
④验收签字	a.验收合格后，收货员在采购订单上手工标注实收数量，确认无误后，收货员、理货员、供应商三方在采购订单上签字，完成验收 b.如此供应商有退货，则先进行退货，再进行收货
⑤入库	收货员将验收合格的商品收入仓库，做好储存

图6-1　验收作业流程

　　验收是商场（超市）的一项常规工作，商场（超市）应当制定相应的商品入库标准和验收管理制度来对验收工作进行规范，使员工按照标准和制度要求实施验收作业。

1. 经营要点

验收作业结束后，仍然有很多工作要做，这需要对一般性商品和生鲜商品区分处理,因为生鲜商品具有易变质、易损坏的特点。

2. 管理流程

验收后处理流程如图6-2所示。

① 确认验收手续完成 → ② 一般性商品处理 → ③ 生鲜商品处理 → ④ 登记

流程解读:

流程名称	详细解读
①确认验收手续完成	先要确认验收手续已经全部完成,然后才能将检验合格的商品从供应商处转移至商场(超市)一方
②一般性商品处理	对于普通食品、纺织品等一般性商品,验收之后即可放入相应的仓库进行储存
③生鲜商品处理	a.肉制品:冷藏的畜肉经验收后,应立即拆箱,置于冷藏库的存物架上,做降温处理;冷冻家禽类经验收后,应立即送入冷冻库中储存,以待处理;冷藏家禽类验收后应敷冰,然后送入冷藏库中储存 b.果蔬品:在产地实施小包装的果菜产品,经验收后应立即送入冷藏库中储存,以待分货;经验收后,待处理的花果类、菇菌类蔬菜须存放在冷藏库中,以保持鲜度;除香蕉之外的热带水果验收后,如尚待处理,应存放于阴凉处或冷藏库 c.生鲜收货后,尽量减少暴露在常温下的时间,要求在收完货与进入冷库之间的时间不能超过10分钟;必须用正确的方法处理商品,如冷冻品要及时入冷冻库、冷藏品要及时入冷藏室、冰鲜产品要迅速敷冰贩卖、需要加工处理的要迅速进入操作间等
④登记	对一些比较贵重的商品,如进口商品,验收后要单独进行登记,并放入单独的区域进行储存

图6-2 验收后处理流程

 内容三:储存准备

1. 经营要点

储存工作应提前做好准备,如划分储存区域、安排储位等,以便具体的储存工作能够顺利进行。

2. 管理流程

储存准备流程如图6-3所示。

流程解读:

流程名称	详细解读
①划分储存区域	商场（超市）应将储存区域划分为以下区域： a.商品储存区 b.入、出库区（合格货区、待出区） c.分装区 d.返品区 e.暂存区 f.进口储存区
②安排储位	划分储存区域后，要做好储位安排，安排储位时要注意以下要点： a.商品储存区域分为大量储存区及小量储存区 b.大量储存区储存畅销品或整箱销售的商品，以卡板堆高方式储存 c.小量储存区储存小量零星出货的商品，以流动料架或一般货品架来储存
③清扫储位	无论是大量储存区还是小量储存区，在正式储存商品前，都应对其进行打扫，使其保持干净整洁

图6-3 储存准备流程

 内容四：储存作业

❶ 经营要点

实施储存作业应当按流程进行，包括明确储存基本要求、设置登记卡等，同时储存工作中要严格注意安全问题，避免发生安全事故。

❷ 管理流程

储存作业流程如图6-4所示。

图6-4

流程解读：

流程名称	详细解读
①明确储存基本要求	储存基本要求如下： a.仓储空间极大化（立体空间的运用） b.具有通风、光线、湿度、温度等保存商品的条件 c.安全性的考虑（防水、防震、防火、防窃等） d.减少装卸空间，增加储存空间 e.易于"先进先出"的存取方式
②设置登记卡	商品储存须设有登记卡，登记进货的品名、日期、数量、规格，出仓的数量、余额
③一般商品的储存	a.陈列时，不得与墙壁接触，须留有5厘米的间隙 b.较大、较重的商品应置于底层，轻薄短小的商品则可置于上层，以防压碎商品 c.轻薄短小的商品，应置于大体积、大重量的商品前面
④需冷藏商品的储存	a.蔬菜冷藏库的温度应维持在5℃ b.库内须铺放卡板，以堆积物品，防止第二次污染，堆积时，要离库体的墙面5厘米以上，以维持冷气循环正常 c.以十字交叉法堆积原料并预留空隙，使冷风能吹到原料箱 d.作业完毕后应熄灭库内灯光
⑤调整	储存工作结束后，要对储存结果进行仔细观察，发现不合理之处要进行调整

图6-4　储存作业流程

内容五：储存检查

1. 经营要点

储存工作结束后，还要定期进行检查，以确保所有储存的商品都处于正常状态，从而避免给商场（超市）造成损耗。

2. 管理流程

储存检查流程如图6-5所示。

第六章 物流管理

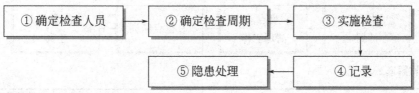

流程解读：

流程名称	详细解读
①确定检查人员	a.专职检察人员：由防损部安排专职检查人员负责对商品储存的检查 b.部门检查人员：各部门应轮流安排员工对各自商品的储存区域进行检查
②确定检查周期	一般商品的检查周期为每天一次，冷藏商品的检查一般为每天两次
③实施检查	实施检查时应注意以下事项： a.商品陈列是否整齐有序 b.是否存在破损的商品 c.员工储存商品时，是否存在危险作业情况 d.是否存在安全隐患
④记录	每次检查均应做好记录工作，记录在储存工作检查表中
⑤隐患处理	对检查工作中发现的隐患，如商品堆积过高等，应通知相关责任部门和人员进行整改

图6-5　储存检查流程

第二节　盘点管理

❶ 经营要点

盘点准备是盘点工作顺利开展的基础，盘点工作需要充分的事前准备，如对盘点人员进行商品认知及盘点方法的培训，以保证盘点的顺利进行。

❷ 管理流程

盘点的准备流程如图6-6所示。

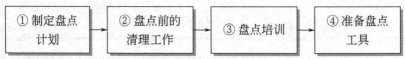

流程解读：

流程名称	详细解读
①制定盘点计划	盘点前应仔细制定盘点计划，明确盘点时间、区域、盘点人员等
②盘点前的清理工作	a.陈列区 ——陈列区盘点前，库存区必须全部处于封库状态 ——全部的零星散货归入正常的陈列货架 ——检查所有的价格标签是否正确无误 b.库存区 ——清理库存区的空纸箱 ——收货部的退货区域严格与其他存货区域分开 ——库存区所有商品必须封箱，无散货
③盘点培训	为使盘点工作顺利进行，每当仓库进行盘点时，商场（超市）必须抽调人手增援，对于从各部门抽调来的人手，必须加以组织分配，并进行短期的培训，使每一位人员在盘点工作中掌握盘点基本知识和注意事项 a.商品知识培训 b.盘点方法的培训 c.盘点注意事项培训
④准备盘点工具	a.盘点所需要用到的磅秤、台秤等仪器必须事前检查仔细，必要时进行校正，使其保持正常运转 b.准备好盘点时使用的计量用具以及盘点票、盘点记录表等单据

图6-6　盘点的准备流程

内容二：盘点实施

❶ 经营要点

准备工作完成后，就要实施盘点。一般来说，陈列区和库存区的盘点工作会同时进行，分别安排两组人员盘点。

❷ 管理流程

盘点的实施流程如图6-7所示。

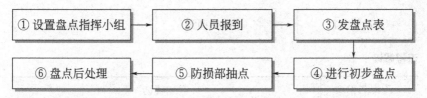

流程解读:

流程名称	详细解读
①设置盘点指挥小组	盘点指挥小组应由店长、副店长以及各部门经理、主管组成,主要负责全面监控盘点的开展,随时处理盘点中发现的问题
②人员报到	盘点人员在规定的盘点时间内报到
③发盘点表	盘点人员以货架为单位,放置盘点表,一个货架一张盘点表
④进行初步盘点	a.库存区盘点 ——库存区盘点是两人一组进行盘点,两个人进行点数,如果所点的数字一样,则将此数字登记在盘点表规定的位置上,如果两人的点数不一致,必须重新点数,直至相同 ——所有未拆的原包装箱不用拆箱盘点,所有非原包装箱或已经开封的包装箱必须打开盘点 ——盘点冷冻、冷藏库前,必须关闭制冷设施,人员着防护棉衣进行盘点 b.陈列区盘点 ——本区域的散货,盘点人员发现后,应将其送往其陈列区域 ——所有明确标示"不盘点"和贴有"赠品"、"自用品"的物品一律不盘点
⑤防损部抽点	初步盘点结束后,由防损部进行抽点,以确认初步盘点是否正确
⑥盘点后处理	盘点工作结束后,要回收所有盘点表,并暂时封存仓库

图6-7 盘点的实施流程

1. 经营要点

盘点结束后,要做好分析工作,找出导致差异的原因,并及时予以解决。

2. 管理流程

盘点分析流程如图6-8所示。

①数据分析 → ②数据调整 → ③出具盘点报告

流程解读：

流程名称	详细解读
①数据分析	a.盘点可能出现重大差异，所谓重大差异是指盘损率大幅超过商场（超市）的标准，造成盘损的原因主要是相当数量的单品实际库存与电脑记录库存之间的差异异常，导致金额的损耗 b.发生重大差异时，首先应检查盘点是否存在问题，如输入的单据是否完整等，其次由部门的运营管理层分析可能存在的损耗原因，并制定出下一个年度的改进措施等
②数据调整	运营总部认可盘点结果后，电脑中心进行库存调整程序，用盘点的库存数据代替电脑数据库中的数据
③出具盘点报告	财务部进行账务调整，并出具盘点报告

图6-8　盘点分析流程

内容四：盘点结束后处理

1. 经营要点

盘点结束后，商场（超市）要及时恢复营业，避免盘点时间过长对正常营业造成影响。

2. 管理流程

盘点结束后处理流程如图6-9所示。

①取消盘点公告 → ②恢复营业 → ③盘点小组结束工作

流程解读：

流程名称	详细解读
①取消盘点公告	盘点结束后要及时取消盘点公告，使所有员工了解，盘点工作已结束
②恢复营业	a.电脑系统进行库存更正后，打开库存数据库 b.收货部进行正常的收货和收货录入工作

图6-9

第六章 物流管理

流程名称	详细解读
②恢复营业	c.陈列区恢复运营的标准，包括撤销分控制台、销毁盘点的编号、清除盘点的垃圾 d.库存区取消封库的告示和封库的缠绕膜 e.收银员进行上岗前的准备工作 f.所有的购物车、篮全部归位 g.生鲜部门进行开店前的陈列、标价工作 h.楼面盘点部门进行正常的补货，所有的用具放回规定的位置 i.营业广播开始播音，顾客的购物电梯打开，进出大门打开
③盘点小组结束工作	a.所有报表、盘点表，除需要提交财务部的，须保存至下一年度的盘点后方可销毁 b.所有盘点小组准备盘点过程的资料，进行分类保存，供下一年度进行参考 c.所有文具归还行政部门，电脑设备归还电脑中心办公室 d.撤销盘点办公室和盘点小组

图6-9　盘点结束后处理流程

第三节　退换货管理

内容一：退货

1. 经营要点

当商场（超市）发现采购的商品不符合质量要求，但又不愿意换货之后，可以进行退货处理，将商品退回给供应商。

2. 管理流程

退货流程如图6-10所示。

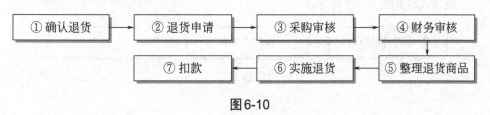

图6-10

流程解读：

流程名称	详细解读
①确认退货	一般来说，符合以下标准的商品应予以退货： a.包装破损，无法继续销售的商品 b.促销后，未完成销售的商品 退货前，商场（超市）应与供应商协商好需退货的情况
②退货申请	理货员按部门填写"商品退货申请表"，注明退货原因，交采购部审核
③采购审核	采购部采购员审核同意后对此表签字，确认退货商品价格
④财务审核	经采购确认后，由财务部结算员对此表审核签字，确认供应商货款可供退货
⑤整理退货商品	理货员持采购签字的"商品退货申请表"，然后将退货商品返至仓库退货区，并将"申请表"交至库管员验收数量，理货员和库管双方在"申请表"上签字确认
⑥实施退货	录入员打印出一式两联的退货凭证，库管员在供应商到来时，将退货交给验收员和供应商验收，然后由录入员审核此退货单，并由验收员、供应商、店长三人签字后，商品方可出库
⑦扣款	退货凭证，底联交给供应商，第一联同《申请表》与退货汇总一同交往财务科，在结款时扣除退货款

图6-10　退货流程

1. 经营要点

当商场（超市）发现采购的商品质量不符，但又急需将其用于日常销售工作中时，可以要求供应商进行换货，以省去重新进货的手续。

2. 管理流程

换货流程如图6-11所示。

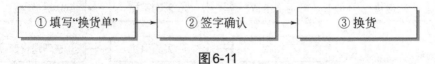

图6-11

流程解读：

流程名称	详细解读
①填写"换货单"	a.依据商场（超市）的换货标准确定换货，由理货员对换货进行整理 b.理货员填写"换货单"，写明需换货商品的品名、规格、数量等
②签字确认	理货员将"换货单"，连同换货商品转至库房退货区，库管员、理货员双方验货签字确认
③换货	a.供应商送货时，收货部要求供应商带来相同品种、规格、数量的新品 b.如能带来相同的商品，则进行一对一的兑换 c.如不能当时兑换，供应商须先拿走商品，待下次送货时送来换货商品 d.换货时，须填商品换货登记表，供应商须签字确认

图6-11 换货流程

【附　录】

 附录6-1　××超市商品验收管理制度

1　目的
为规范本超市商品验收管理，特制定本制度。
2　适用范围
本制度适用于超市商品验收管理。
3　管理内容
3.1　仓管人员和理货人员应严格按商品质量验收标准对所有货物进行检查。
3.2　清点检查。重点检查数量、包装质量及其完好性。
3.3　抽样检查。应按相应验收标准，采用随机抽取法取出样品进行检查。
3.4　合格证检查。检查产品是否有合格证，是否有检验机构和检验员签章。
3.5　索证。
3.5.1　按随货通行证书的管理程序操作，向供应商索取有关质量证明，并与采购订单的内容进行对照，检查是否一一对应、准确无误。
3.5.2　质量证书应及时转交指定的商场（超市）质检员存档，按随货同行证书的存档操作进行管理。

3.6 标志、包装检查。

3.6.1 对所抽样品进行标志检查时,严格按照商品质量验收标准进行检查验收。检查包装是否牢固,是否可能因包装不良而使商品受损及包装本身是否受损。

3.6.2 对有使用期限的商品,应重点检查其生产日期、进货日期是否符合商品质量验收标准的规定。

3.7 感官检查。对商品进行感官检查,根据标准或经验判定产品质量。

 附录6-2 ××超市商品盘点管理制度

1 目的

为规范本超市商品盘点,特制定本制度。

2 适用范围

本制度适用于商品盘点管理。

3 管理内容

3.1 商品盘点是对商品实物数量和金额的清点和核对。

3.2 商品盘点的方法。

3.2.1 定期盘点是在月终、季末、年底这些固定日期所进行的盘点。

3.2.2 临时盘点是在商品变价、工作交接、人员调动时进行的盘点。

3.2.3 全盘点是对柜组全部商品逐一盘点。

3.2.4 部分盘点是对有关商品的库存进行盘点。

3.2.5 一般来说,对于价格高、体积大、品种单一的商品,如金银首饰、电视机、电冰箱等商品应该每天盘点;对于价格低、体积小、交易频繁、品种众多的商品,则应该每月盘点。

3.3 为了提高商品盘点工作的质量,应做好以下工作。

3.3.1 加强商品的日常管理。商品摆布、陈列要有固定货位,同类商品不同规格要有序堆放,避免串号、混同等。

3.3.2 做好盘点的准备工作,主要是做到"三清"、"两符"。"三清"即票证数清、现金点清、往来手续结清;"两符"即账账(即部门账目和柜组账目)相符、账单(即账目与有关单据)相符。

3.3.3 采用先进的盘点方法。一般可采用复式平行盘点法,即组织两套班子平行盘点,互相核对复查的盘点方法。

 附录6-3 ××超市盘点作业规定

1 目的

为了规范盘点管理,提高本超市的盘点效率,特制定本规定。

2　适用范围

本规定适用于盘点管理。

3　管理内容

3.1　若于营业中盘点，则先将当日营业的收银机全部读出"×账"。

3.2　先点仓库、冷冻库、冷藏库，再点卖场。

3.3　盘点货架或冷冻柜、冷藏柜时，要依次序由左至右、自上而下进行盘点。

3.4　每一货架或冷冻柜、冷藏柜均应视为独立单位，使用单独的盘点表。

3.5　盘点单上的数字要填写清楚，不可潦草。

3.6　最好两人一组，一人点，一人写。若在非营业中清点，可将事先准备好的不干胶黏纸或小纸片拿出，写上数量后，放置在商品前方。

3.7　若是营业中盘点，卖场内先盘点购买频率较低且售价低的商品。

3.8　初点时的注意事项。

3.8.1　对于规格化商品，清点其最小单位的数量。

3.8.2　生鲜商品若尚未处理，则以原进货单位盘点，如重量、箱数等；若已加工处理尚未卖出，则以包装形式盘点，如包、束、袋、盒等。

3.8.3　盘点时应顺便观察商品有效期，过期商品应随即取下并记录。

3.9　盘点负责人要掌握盘点进度，机动地调度人员，并巡视各部门盘点区域，发现死角及易漏盘点区域。

3.10　若系营业中盘点，应注意不可高声谈论，或阻碍顾客通行，以免影响正常营业。

3.11　对于无法查知商品编号或商品售价的商品，应立即取下，事后弄清其归属。

附录6-4　××超市换货单

供应商：　　　　　　　　　　　　　　　　　　　　　　　　　　年　月　日

货物编号	货物名称	数量	单价	金额	换货原因
总金额					

换货部门：　　　　　供货商：　　　　　收货部：　　　　　安全员：

附录6-5 ××超市商品退货申请表

供应商： 　　　　　　　　　　　　　　　　　　　　　　　　　　年　月　日

货物编号	货物名称	数量	单价	金额	退货原因
总金额					

退货部门：　　　　　供货商：　　　　　收货部：　　　　　安全员：

学习回顾

经过本章内容的学习，想必您已经掌握了不少学习心得，请仔细填写下来，以便继续巩固学习。同时，如果您在学习中遇到了一些难点，也请如实写下来，然后可以进行重复学习，以彻底解决学习难点。

学习心得	学习难点
1._____	1._____
2._____	2._____
3._____	3._____
4._____	4._____
5._____	5._____

第七章 安全管理

学习目标

1. 了解如何做好人员安全管理。
2. 了解如何做好商品安全管理。
3. 了解如何做好收银区安全管理。

第一节 日常安全管理

 内容一：人员安全管理

1. 经营要点

人员安全主要是指工作人员在搬运商品中的安全。人员是商场（超市）各项工作的操作者，确保人员安全，才能确保其他各项安全。

2. 管理流程

人员安全管理流程如图7-1所示。

① 制定行为规范 → ② 配备防护用品 → ③ 实施安全作业 → ④ 监督检查

图7-1

流程解读：

流程名称	详细解读
①制定行为规范	商场（超市）应为员工制定行为规范，使员工按规范行事，如：

流程名称	详细解读
①制定行为规范	a.员工不准在商场（超市）内部奔跑、打闹 b.必须按操作规程进行作业
②配备防护用品	商场（超市）应为员工配备防护用品，如： a.防护棉衣，当员工进入冷冻库作业时，必须穿防护棉衣 b.防护手套，用于保护手 c.防护头盔，用于保护头部
③实施安全作业	员工必须实施安全作业，具体要求如下： a.必须有正确的操作姿势和操作规程，以避免造成自身的伤害 b.必须正确使用搬运的工具，专业的工具由专业人员操作或必须取得上岗证 c.必须在劳动时注意周围的环境，避免危险因素的侵害
④监督检查	上级主管要经常对员工的作业情况进行监督检查，发现不规范行为要及时提醒，使其改进

图7-1　人员安全管理流程

内容二：商品安全管理

1 经营要点

商品安全是商场（超市）运营工作的重中之重。确保商品安全，避免盗窃事件的发生对商场（超市）而言非常重要。

2 管理流程

商品安全管理流程如图7-2所示。

① 配备电子防盗系统 → ② 配备录像监视系统 → ③ 安排保安人员

流程解读：

流程名称	详细解读
①配备电子防盗系统	电子防盗系统主要由检测器、解码器（或消磁器）、标签等部分组成，标签附着或附加在商品上，解码器或消磁器使标签失效，检测器用来检测出未经解码或消磁的标签并引发警报，电子防盗系统从样式上看有立式、隐蔽式、通道式三种类型

图7-2

流程名称	详细解读
②配备录像监视系统	录像监视系统由镜头、导线、视频切割转换器、监控器、控制器设备组成,录像通过镜头系统将不同区域传递在相应镜头号监控器上,如1、2、3……9号区域,镜头号可自行编制,这种监控方式最直接地保证着商场(超市)卖场安全,而且效果不错,但费用较高,一些商场(超市)还使用有真有假的摄影机安装、有效的阻碍系统,来达到降低成本的目的
③安排保安人员	a.电子设备也有出错或停机的时候,因此保安人员必不可少,在商场(超市)中,可以设置身穿制服的警卫,特别是在出入口处安排警卫,效果较好 b.设立便衣警卫,在商场(超市)卖场中巡逻,和顾客在一块,顾客一般很难辨别其身份,这样既不会让顾客产生被监视的感觉,同时又有安全保证

图7-2　商品安全管理流程

 内容三:收银区安全管理

1. 经营要点

收银区是安全管理的重中之重,商场(超市)应当加强对收银区的安全管理,有效保障收银区的秩序,同时严格控制收银损耗行为。

2. 管理流程

收银区安全管理流程如图7-3所示。

流程解读:

流程名称	详细解读
①设置防损员	商场(超市)应在收银区设置防损员,负责收银区的防损工作,并明确其职责: a.对大件商品,必须详细核对每一张清单 b.定期调试报警器是否正常 c.关注每位推车、提篮子的顾客,保持通道畅通
②实施巡检	商场(超市)主管人员要定时巡检收银区,做好以下工作: a.巡视整个收银区 b.处理该区域突发事件 c.检查收银员是否存在作弊行为

图7-3

流程名称	详细解读
③抽查收银员	定期抽查收银员，抽查内容如下： a.实收金额与应收金额是否一致 b.打折总额与打折记录单金额是否一致 c.收银台必备物品是否齐全 d.收银备用金是否准确

图7-3 收银区安全管理流程

第二节 消防安全管理

内容一：建立消防安全管理组织

1. 经营要点

消防安全管理工作应当有健全的管理组织负责，商场（超市）应建立从上到下的管理组织，包括防火安全委员会、防火安全领导小组、义务消防队等。

2. 管理流程

建立消防安全管理组织的流程如图7-4所示。

①建立防火安全委员会 → ②建立防火安全领导小组 → ③建立义务消防队

流程解读：

流程名称	详细解读
①建立防火安全委员会	a.商场（超市）要建立防火安全委员会，安全委员会人员包括主任、副主任、委员，主任、副主任由店长、副店长（或防损部经理）担任，委员则由各部门经理、主管担任 b.防火安全委员会，每季度召开一次例会，每月进行一次防火检查
②建立防火安全领导小组	a.各部门（或楼层）要建立防火安全领导小组，小组成员包括组长、副组长、组员，人数根据情况确定，由各部门经理、主管担任组长 b.各部门每月召开一次消防会，要确实组织好防火检查，制订计划，认识防火检查的重要性

图7-4

流程名称	详细解读
③建立义务消防队	a.各部门内部还要建立义务消防队，实际负责灭火工作，所有员工都是义务消防队员 b.确实组织好义务消防员的演习、训练及灭火演练，每年不少于一次

图7-4　建立消防安全管理组织的流程

内容二：消防培训

1. 经营要点

商场（超市）应当定期开展消防培训，以便使全体员工了解消防灭火知识和技能，并灵活运用于实际消防工作中。

2. 管理流程

消防培训流程如图7-5所示。

流程解读：

流程名称	详细解读
①明确消防培训人员	a.内部培训人员，由消防安全委员会、防损部负责日常培训工作 b.外部培训人员，可以邀请当地消防部门人员来开展培训工作
②明确培训时间、地点	a.消防培训应定期召开，如每月一次 b.培训地点可以选在商场（超市）培训室
③明确消防培训内容	消防培训内容一般包括： a.如何报火警 b.灭火的基本方法 c.扑救火灾的步骤 d.灭火器的使用方法 e.人工呼吸的方法
④考核	每次培训结束后应当对员工进行考核，以确认培训效果，具体可以采取问卷、现场操作等方式

图7-5　消防培训流程

内容三：装修施工安全管理

1. 经营要点

为了预防火灾和减少火灾危害，保护公民人身、公共财产和公民财产的安全，维护公共安全，确保企业正常的经营秩序，预防一旦发生火灾后的及时迅速处置，商场（超市）必须做好对装修施工的安全管理。

2. 管理流程

装修施工安全管理流程如图7-6所示。

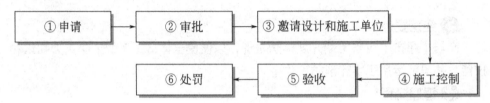

流程解读：

流程名称	详细解读
①申请	各部门需要进行装修施工时，应向上级部门进行申请
②审批	a.建筑内装修工程，必须经防损部、市消防局监督机关审批，审批通过后，则可实施施工 b.凡未经批准一经查出，将根据有关规定分别对责任人进行处罚
③邀请设计和施工单位	a.审批通过后，可以邀请设计和施工单位，邀请的设计和施工单位必须持有设计管理机关核发的相关资质证书 b.施工单位需与防损部签订《施工防火安全责任书》、《施工治安安全责任书》、"场内作业审报表"
④施工控制	a.施工中不得擅自更改防火设计，要严格按照设计图施工 b.建筑内装修，需保证疏散通道和地下建筑安全出口通畅，不宜采用在燃烧时产生大量浓烟或有毒气体的材料 c.施工中严格遵守用电管理规定，各部门增加用电设备施工、改动供电线路，须经工程部门审批，严防因超负荷运转发生电器线路火灾
⑤验收	施工结束后，由防损部、工程部组织对施工成果进行验收
⑥处罚	未经批准强行施工造成火警和经济损失者，应承担经济和行政责任，造成火灾和严重后果者依法追究刑事责任

图7-6 装修施工安全管理流程

：消防巡检

1. 经营要点

为了预防火灾和减少火灾危害，确保一旦发生火灾时，消防设施及器材处于良好有效状态，商场（超市）应安排相关人员开展巡检工作，以便及早发现隐患，并予以解决。

2. 管理流程

消防巡检流程如图7-7所示。

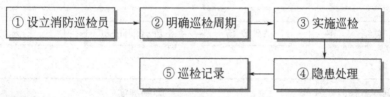

流程解读：

流程名称	详细解读
①设立消防巡检员	商场（超市）可以设置消防巡检员，负责巡检工作，并明确其职责： a.熟悉店面的地形环境、消防设施的分布、灭火器材的位置、防盗报警的装置、闭路电视镜头的位置和各消防通道的位置 b.会使用各种灭火器材，熟悉消防程序 c.灵活果断处理当班期间发生的问题
②明确巡检周期	巡检工作应每天进行
③实施巡检	实施巡检应做好以下工作： a.检查施工单位、动火部门和动火证，及施工现场消防安全 b.检查商场（超市）布防情况 c.检查监控系统运作情况 d.检查消防设施设备是否正常
④隐患处理	巡检中如果发现隐患，应立即签发"消防隐患通知单"，由主管领导批准，并让其整改完毕，应对其整改隐患进行第二次复查
⑤巡检记录	每次巡检工作，都应做好记录

图7-7　消防巡检流程

内容五：灭火作业

1. 经营要点

为了预防火灾和减少火灾危害，保护顾客人身、公共财产的安全，维护公共安全，确保企业正常的经营秩序，商场（超市）应当做好火灾发生后的处置工作。

2. 管理流程

灭火作业流程如图7-8所示。

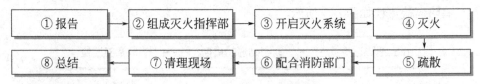

流程解读：

流程名称	详细解读
①报告	风险控制中心（或员工、顾客）发现火灾情况后，应立即以最快速度将火灾情况报告店保卫部、值班经理或店长，保卫部门应根据火灾程度建议领导是否上报公安消防部门
②组成灭火指挥部	接到火灾报告（警）后，立即组成灭火指挥部，店长为总指挥，各部门负责人为成员
③开启灭火系统	控制室按照火灾程度立即开启灭火设备，并确保消防喷淋、消火栓正常工作
④灭火	部门义务消防队员立即进入火场，实施灭火： a.立即用火灾现场附近的灭火器、消防水龙头灭火 b.立即对火灾现场易燃易爆物品进行转移 c.由指挥部命令立即开启紧急疏散安全门，引导顾客向外撤离 d.坚守岗位，确保本工作区的商品和人员不受损失
⑤疏散	在火场外维持秩序的人员负责紧急疏散安全门开启后的人员疏散、警戒等工作，确保人员安全撤离和商品安全，确保公安消防人员和消防灭火车辆进入现场通道的畅通，防止围观人员堵塞道路
⑥配合消防部门	公安消防部门和车辆到达后，各店应积极配合开展工作，如介绍情况、提供水源、保护现场等
⑦清理现场	火灾扑灭后，应按消防部门要求，立即组织人力保护或清理现场，防止复燃，减少损失
⑧总结	按照消防部门要求，事发单位写出火灾情况总结报告

图7-8 灭火作业流程

第三节　紧急事件预防与处理

内容一：紧急事件预防

1. 经营要点
事故的发生，究其原因，大多数是由于领导干部轻视安全，管理混乱，有关人员思想麻痹，不负责任，和存在少数敌对分子和心怀不满的人，因此，预防事故必须组织有关部门把工作做在前面，防患于未然。

2. 管理流程
紧急事件预防流程如图7-9所示。

内容二：水灾应急处理

1. 经营要点
在沿海地区，或雨量较大的地区，容易发生水灾，一旦发生水灾，商场（超市）应做好应急处理工作。

2. 管理流程
水灾应急处理流程如图7-10所示。

内容三：停电应急处理

1. 经营要点
商场（超市）的运行离不开用电，一旦发生停电事故，会对商场（超市）造成严重损害，因此，必须做好预防以及处理工作。

2. 管理流程
停电应急处理流程如图7-11所示。

①建立健全安全生产制度 → ②加强对新员工的教育培训 → ③购置必要的技术装备 → ④开展安全检查

流程解读：

流程名称	详细解读
①建立健全安全生产制度	a.防损部要协助有关职能部门建立和健全以岗位制为中心的，以防火、防爆为重点的安全生产责任制认真贯彻有关治安法规，检查对危险品的保管、使用、运输和防火、防爆制度的执行情况 b.为推动安全生产，还应健全安全生产奖惩制度，所有制度都要随着生产的变化及时修订，防损部要发挥监督、检查、指导作用
②加强对新员工的教育培训	a.对新员工有关部门要认真进行安全教育，使他们一进公司就懂得安全生产的基本知识，形成安全生产的观念 b.同时，对他们进行技术培训，特别是对电工、锅炉工、水暖工、维修工等特殊工种的培训，使他们既掌握操作技术，又具备必要的防爆、防火知识
③购置必要的技术装备	a.为了防止事故的发生，或一旦有事故苗子、险情能及时抢救、扑灭，应购置必要的技术装备 b.在可能发生火灾、爆炸的场所，要设置足够的防火、灭火、防爆设备器材；在容易发生事故的部位，要安装报警信号装置和自动熄灭排除险情装置
④开展安全检查	a.检查要求：检查要做到经常化、制度化，把经常检查和季节检查、全面检查和专项检查结合起来 b.检查内容： ——查思想：领导是否重视，职工有无麻痹思想 ——查制度：规章制度是否健全，执行是否分明，执行是否严格 ——查隐患：存在哪些不安全因素 ——查措施：防范措施是否严密、落实 c.查出问题及时整改，还要认真配有关部门定期发动员工找差距、查漏洞，集中解决一批不安全因素

图7-9　紧急事件预防流程

第七章 安全管理

流程解读：

流程名称	详细解读
①事前预防	a.消防组定期保养和检查消防设施器材，查各下水管道是否畅通，若有问题及时处理 b.防损主管要每天检查疏散通道和安全门是否畅通、安全标志是否放在明显处、应急灯是否能够正常工作使人一目了然 c.下班检查电源插座，电线是否老化破损 d.检查各部门的水路管道是否漏水，如有问题应立即报告，同时应当通知工程部
②事中处理	a.发现水情后，根据水情的大小立即报告，控制室接到报告后立即确认报警区域并由一名控制室人员迅速跑到现场查看，同时应马上通知工程部 b.工程部应立即对事发现场检查及抢修，防损部主管及领班应组织救灾小组立即抢救，转移贵重物品以免造成损失或尽量减少损失
③善后处理	从技术角度查找原因并及时上报，防损部和工程部对消防系统和各种管道进行维护维修

图7-10　水灾应急处理流程

流程解读：

流程名称	详细解读
①事前预防	a.事先配置应急灯，手电筒足量储备 b.安装备用发电设备 c.和供电单位取得联系，掌握单位停电信息，做好准备工作
②事中处理	a.发生停电时，管理部立即询问停电原因和时间的长短，若是供电单位停电应立即启用备用发电机，如是线路问题电工应马上对线路做检查，寻其原因及时维修 b.防损员应立即将金库上锁，并对商品及顾客进行检查，防止偷抢事件的发生，安抚顾客并请顾客原谅，同时，阻止顾客进入卖场
③事后处理	a.检查停电原因及时上报 b.检查场内是否有异常情况发生 c.如停电时间过长，检查生鲜冷冻食品，避免有变质发生

图7-11　停电应急处理流程

内容四：意外伤害应急处理

❶ 经营要点

意外伤害往往会给顾客造成非常严重的后果，因此，商场（超市）应当做好意外伤害的应急处理工作，保障顾客的人身、财产安全。

❷ 管理流程

意外伤害应急处理流程如图7-12所示。

流程解读：

流程名称	详细解读
①事前预防	a.测试店内装潢设计和各项设施是否影响顾客行动的安全 b.进出货场的叉车要正确使用，不超高、不超载，注意来往顾客的安全，不急挺、不猛拐，起放货物时动作要轻
②事中处理	a.顾客如昏倒，立即由在场人员护送到就近医院由医务人员检查医治，并及时通知店长 b.如遇到重大的伤害时，立即通知医务人员检查医治
③事后处理	a.努力做好事后处置，做到各方面都能达成共识 b.消除影响，总结教训在员工工作中认真培训，然后将整个事件记录备案

图7-12　意外伤害应急处理流程

内容五：治安事件应急处理

❶ 经营要点

治安事件包括起哄捣乱、爆炸、放火等多种类型，无论哪种类型的治安事件，商场（超市）都应当按流程做好事前预防、事中处理、事后处理等工作。

❷ 管理流程

治安事件应急处理流程如图7-13所示。

第七章 安全管理

流程解读：

流程名称	详细解读
①事前预防	a.加强防损人员应急处理技能培训 b.加强日常巡逻、检查
②事中处理	a.当发生爆炸、起火等事件时，首先由电工拉闸断电，开通事故照明和应急灯，警卫及防损备勤人员必须携带消防器材，迅速赶赴事故现场扑救，并迅速保护现场，把守各要害通道，疏散客流，在现场附近的商场（超市）负责人（包括主管、领班、组长），必须看护好现场，未接到撤离命令，严禁离开现场，并主动协助疏导就近的顾客 b.当发生一般性的治安问题时，警卫人员应迅速将主要负责者带离现场，尽量缩小其影响面，防止事态的扩大 c.发现可疑分子的对策：发现可疑分子时，应立即布置专人跟踪、监视，防止被其察觉，然后及时与当地公安机关联系，在协助看管扭送过程中，要提高警惕，以防止其行凶、逃跑或毁灭证据等
③事后处理	a.总结事件处理经验教训 b.对事件的处理做好记录

图7-13 治安事件应急处理流程

【附　录】

 ## 附录7-1　××商场施工防火安全责任书

防损部负责人：　　　　职务：
单　　　位：
施工队负责人：　　　　职务：
单位：

为了保障施工安全，维护正常的工作秩序，根据《中华人民共和国消防条例》、《中华人民共和国治安管理处罚条例》和本市有关防火安全责任条例的管理规定，按照"谁主管、谁负责"的原则，经协商，由工程负责人和施工单位负责人，共同签订本责任书。

（1）施工单位应严格遵守各项安全管理规章制度，施工队的安全保安工作由队长负责，并与本队工作人员同计划、同部署、同检查、同总结、同批评，把安全保安工作贯彻施工始终。

（2）施工队应制定"安全防火制度"，由队长负责监督执行，并经常进行安全教育和安全检查，发现安全隐患和问题应立即解决，解决不了的应立即采取有效安全措施，并上报领导部门。

（3）施工时，必须及时清理施工现场中易燃物品，动用明火事先到××商场防损部办理"动火证"，作业时配备足够的消防器材，并有专人负责看管，作业后认真清理现场，不留火种。

（4）施工现场的灭火器材必须摆放在明显位置，不得挪用围挡。

（5）保证施工安全用电，各种电器的安装必须由正式电工操作，严禁乱拉电线和超负荷用电，下班时对作业部位进行安全检查，拉闸断电。

（6）严禁使用电炉、电取暖具、室内照明禁用碘钨灯，各种照明灯必须与易燃物有0.5米的距离。

（7）施工队应指定一名人员负责日常安全保安工作，施工人员应妥善保管好私人财物，严禁私拿公物，未经批准不得动用与本工种施工无关的设备、材料等物品。

（8）凡施工所需的各种用电设备及动明火，须在使用前向执勤保安说明大概使用原理并做好防范措施。施工人员须随身携带各种特殊工种的上岗证、许可证，以备检查。

（9）对施工队中有违反本责任书者，防损部将做出必要的经济处罚，对情节严重触犯法律者，送公安机关处理，并追究其法律责任。

（10）本责任书由商场防损部和施工单位监督执行。本责任书自签订之日起生效，施工结束责任书终止。

（11）本责任书一式二份，签订双方各执一份。

××商场防损部（章）：　　　　施工单位（章）：

负责人签字：　　　　　　　　　负责人签字：

签订日期：　　　　　　　　　　签订日期：

 附录7-2　××商场场内施工审批单

作业单位		作业内容	
作业负责人		作业单位电话	
作业人数		作业地点	
作业时间		商场监护人	
防火措施		保安部意见	

第七章　安全管理

续表

注意事项	（1）不准动用明火，吸烟在指定地点，注意防火 （2）如改动电器设备线路，需请商场工程部监督实施 （3）在货场或库房作业，施工人员限定作业区，不得到处走动 （4）如有非商场人员作业，须商场留人监护以保证安全 （5）作业完毕，立即清理现场，消除隐患 （6）如在夜间施工，请和内保人员配合 （7）如动用明火，必须到保安部申报，领取动火证后方可选场施工，施工现场必须配备相应的灭火设施及火情监督员 （8）进行特殊作业（如电、气焊等），操作人员必须持有劳动局颁发的操作许可证

学习回顾

　　经过本章内容的学习，想必您已经掌握了不少学习心得，请仔细填写下来，以便继续巩固学习。同时，如果您在学习中遇到了一些难点，也请如实写下来，然后可以进行重复学习，以彻底解决学习难点。

学习心得	学习难点
1._____	1._____
2._____	2._____
3._____	3._____
4._____	4._____
5._____	5._____

第八章 经营成本控制

学习目标

1. 了解如何确定收银流程。
2. 了解如何进行收银作业控制。
3. 了解如何进行应收账款控制。

第一节 收银与现金控制

内容一：确定收银流程

1. 经营要点

收银员在收银过程中应做好招呼顾客、为顾客做结账服务、为顾客做商品装袋服务等，确保收银作业顺利完成。

2. 管理流程

收银流程如图8-1所示。

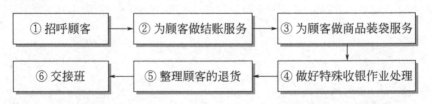

图8-1

第八章 经营成本控制

流程解读：

流程名称	详细解读
①招呼顾客	顾客来到收银台后，要及时向顾客打招呼
②为顾客做结账服务	对商品进行逐件扫描，汇总商品总款，接受顾客付款，然后找零
③为顾客做商品装袋服务	为需要装袋的顾客将商品装袋，装袋时要注意将较重、较大的商品放在下面，较轻、较小的商品放在上面
④做好特殊收银作业处理	做好特殊收银作业处理，具体内容如下： a.赠品兑换或赠送 b.现金抵用券或折价券的兑现 c.点券或印花的赠送 d.折扣的处理
⑤整理顾客的退货	整理顾客临时不要的商品，通知服务台，让各相关部门前来取走各自的商品
⑥交接班	a.交接班前对收银台及周围环境进行清洁 b.收银员进行交班结算作业，向接班的收银员交代清楚各类事项

图8-1　收银流程

提醒你

如果结账的顾客是年龄很大、听力不好的老人，收银员在收款、找零时应唱收唱付，以便使顾客听得清楚。

内容二：收银作业控制

1. 经营要点

收银作业关系到现金的收入，做好收银作业控制，才能确保所有现金准确收入商场账户中。

2. 管理流程

收银作业控制流程如图8-2所示。

流程解读：

流程名称	详细解读
①制定收银制度	商场可以制定好收银制度，以此来规范收银员的工作，制度基本内容如下： a.收银员应确保收银程序的规范化、标准化，提高收银速度和准确性 b.保证充足的零钱，确保金库和现金的安全 c.确保顾客所购的每一件商品均已收银，不得遗漏 d.现金不符、缺款由收银员负责，多余款项应先查明来源，如果不能查清应归公司所有 e.任何店员不能挪用、借用营业款 f.熟悉业务，提高识别假钞的能力，拒绝收取残币、假币
②收银操作控制	收银员在收银操作时，要按以下要求进行： a.扫描商品要做到快速、不重复、不漏扫 b.商品消磁要快速、不遗漏、不损害商品 c.每天营业结束后，收银员要与上级主管一起清点现金和账目，如果发现现金与账目不符，应该立即找出原因，保证在一天内处理完毕
③收银异常处理	收银产生差异的原因可能是顾客没有接收零钱、收银员算错账、收银员盗窃收银现款或者是收到假钞，如果收银员没有合理的解释，则需要其做出书面解释，对于违反收银规定的收银员必须依店内制度进行警告或罚款处理

图8-2 收银控制流程

❶ 经营要点

收到假钞会直接减少商场的营业收入，同时由于商场收银时一般不使用验钞机，所以，收银员必须仔细做好假钞的识别工作，避免收到假钞。

❷ 管理流程

假钞处理流程如图8-3所示。

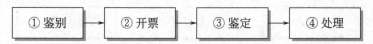

流程解读:

流程名称	详细解读
①识别	拿到可疑票币时,应按照假币识别规范进行仔细辨认鉴别,若难以识别真伪可以暂扣,给持票人开临时收据
②开票	在临时收据上注明暂扣票币的面值、号码、张数、准备上交的银行单位名称,并盖上公章,签上暂收人姓名,持票人凭暂扣证据查询银行鉴定结果
③鉴定	商场在暂扣可疑票币后应于当日或次日上午上交有关银行进行鉴定
④处理	a.如果确认是假币则应予以没收,并出具假币没收收据 b.如果不是假币应退还给顾客并致歉

图8-3 假钞处理流程

内容四:现金的清点及结算

1. 经营要点
商场各级人员应当做好现金的清点及结算,确保现金如实入账。

2. 管理流程
现金的清点及结算流程如图8-4所示。

内容五:现金安全管理

1. 经营要点
安全保障是现金管理的重要任务,如果没有安全保障,就会很容易造成现金丢失,从而给商场带来损失。

2. 管理流程
现金安全管理流程如图8-5所示。

流程解读：

流程名称	详细解读
①实施清点	现金由收银员与值班长在指定地点和时间，面对面清点清楚，并填写每日营业收入结账表或内部交款清单，由收银员与值班长签名确认
②登记	值班长在收银员清点营业款后，列出收银员日报表，并与现金解款单核对，收银损益在现金解款单中写明，然后将现金与现金解款单封包并加盖骑缝章，最后在交接簿登记，移交财务部，存入银行
③结算	每天选择一个固定的非高峰时间，如14：00～15：00之间进行一次总结算，结算的时间跨度为昨天14：00到今天14：00。这样结算完，可以有时间在银行营业结束前进行解款

图8-4　现金的清点及结算流程

流程解读：

流程名称	详细解读
①配备保险箱	a.商场（超市）应配备合适数量的保险箱，用于存放当日现金或过夜营业款 b.保险箱钥匙由店长亲自保管，并放在专门的区域
②储存	每日店长收到值班长交付的现金后，要立即将现金存入保险箱，等待银行上门收款
③解交银行	a.如需要解交银行，店长可本人或指派专人，最好是两个人同行，存入指定银行或公司指定的账户 b.为保证现金安全，最好选择离商场（超市）最近的银行，解交银行后，存款人须当日将存款凭证签字并交付给财务人员，并在交接簿上签字

图8-5　现金安全管理流程

第二节 店内费用控制

内容一：人员成本控制

1 经营要点

在商场（超市）经营中，租金、商品费用等成本相对固定，而人员的工资及提成奖金等占销售管理费用较大比例，商场应控制人员成本。

2 管理流程

人员成本控制流程如图8-6所示。

流程解读：

流程名称	详细解读
①招聘控制	加强对招聘环节的控制，严格审核简历，尽力为商场招聘到最合格的员工，减少因为员工不合格造成的各项损失
②人员配备	a.在日常工作中，要配备合理数量的精干人员 b.在旺季或销售繁忙时临时聘请兼职人员，节省成本
③加强培训	a.加强日常培训，强化员工操作技能，减少差错的出现几率 b.培养店员一专多能的能力，用尽量少的人做尽量多的事情
④定期考核	a.定期对员工进行考核，以确认其工作成绩 b.帮助考核成绩未达标的员工找出问题，并采取改善措施
⑤实施奖惩	根据考核成绩，对员工实施奖惩，以便鼓励工作业绩好的员工继续保持并提高工作水平，进而提高经营业绩

图8-6 人员成本控制流程

内容二：水电费用和杂费控制

1. 经营要点

水电费用和杂费占据着商场日常经营成本的一个重要部分，商场应当制定控制计划，严格控制这些费用的超支。

2. 管理流程

水电费用和杂费控制流程如图8-7所示。

① 考察现有消耗量 → ② 制订控制计划 → ③ 执行控制计划 → ④ 考核

流程解读：

流程名称	详细解读
①考察现有消耗量	以年度或季度为周期，考察现有水电费数额，以及导致水电费开支的各种项目，做好记录
②制订控制计划	商场要制订控制计划，内容包括控制目标、预计花费等
③执行控制计划	执行控制计划应采取以下措施： a. 加强宣传，提醒员工注意节约用水、用电 b. 减少不该有的照明 c. 办公用品集中采购，而不再分散采购 d. 对于一些不经常使用的大型设备，可以采用租赁的方式
④考核	定期对控制计划的执行情况进行考核，发现不合规范的地方及时进行改善

图8-7 水电费用和杂费控制流程

内容三：广告及促销费用控制

1. 经营要点

开展广告和促销活动必然会产生各项费用，如广告费、促销用品费用等，这些费用是商场的必要开支，商场必须严格做好对其控制工作。

2. 管理流程

广告及促销费用控制流程如图8-8所示。

流程解读：

流程名称	详细解读
①制定并执行广告及促销计划	商场（超市）必须制定并执行广告及促销计划，做好广告及促销费用、必备物品、日杂用品等安排
②实施领用责任制	对促销用品的领用严格实施责任制，即谁领用谁负责，出现丢失要照价赔偿
③采取控制措施	a.在确定广告宣传计划时，要根据媒体的读者定位、发行量等因素来精心挑选合适广告载体 b.有些广告促销用品可反复地利用，或者亲手来制作，以节约费用 c.对一些促销海报，可以采用亲手绘制的方法来节约费用 d.促销费用更要精打细算，如采用加量促销方法时，加量多了会收不回成本，而加量少了对顾客又没有吸引力，所以应该计算出最合适的加量比例，否则多了少了都会是浪费
④定期总结经验教训	每次广告及促销活动结束后，都要总结经验教训，尤其是对一些有益的经验，要及时记录，以便应用于下次活动中

图8-8　广告及促销费用控制流程

内容四：应收账款控制

1 经营要点

商场在日常经营过程中，可能会产生一些应收账款，必须做好对其管理工作，确保所有账款都能按时收回。

2 管理流程

应收账款控制流程如图8-9所示。

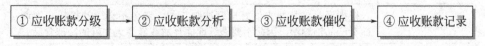

图8-9

流程解读：

流程名称	详细解读
①应收账款分级	商场应将应收账款按照严重性程度划分为不同的等级，具体内容如下： a.绿色警戒：账款可暂时不用催促 b.黄色警戒：应收账款应由该业务负责人在限定的时期内收取，如果超期不能收取即可转变为红色警戒 c.红色警戒：应收账款需要转交专门的收账小组派专人负责收取 d.黑色警戒：应收账款需要交给律师以法律手段解决
②应收账款分析	商场可以制作一份"应收账款控制表"和"应收账款分析表"，以此为依据，对应收账款进行分析，确认其属于哪个等级
③应收账款催收	a.根据分析得出的结果，对不同等级的账款进行催收 b.为提升催收效果，商场可以制定奖励措施，以便对催收成绩优秀的人员进行奖励
④应收账款记录	对应收账款的分析、催收等工作都应做好记录

图8-9　应收账款控制流程

 内容五：不合理损耗控制

1. 经营要点

商品在管理过程中，存在着许多不合理损耗，各级人员必须采取各种措施，减少不合理损耗的出现几率。

2. 管理流程

不合理损耗控制流程如图8-10所示。

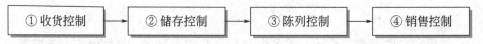

流程解读：

流程名称	详细解读
①收货控制	有些商品很可能会在运输的过程中损耗，所以收货人员要严格地按照程序来验收货物，不要让破损的货物进入卖场
②储存控制	根据商品的特质来做好储存控制工作，避免不合理的损耗，如食盐类产品怕潮湿，因此不要靠近地面存放或者靠近生鲜的冷冻食品

图8-10

流程名称	详细解读
③陈列控制	商品在店面陈列的过程中,由于陈列的方法不当也会引起商品的损耗,如堆头摆放不结实而引起倒塌,损坏商品,或容易被过往顾客的推车碰撞而损坏等,因此要科学合理地陈列商品
④销售控制	当商品接近保质期时,要果断降价促销,以避免商品过期造成的损失

图8-10　不合理损耗控制流程

销售快过期的商品时,应当提醒顾客过期的实际日期,以避免顾客在保质期结束之后使用或食用商品,造成不必要的问题。

【附　录】

附录8-1　××商场假币鉴别规范

在我国发现的假币中,大多以100元、50元的大额票币为主,但随着人们警惕性的提高,又出现了10元、5元的小面额假币。所以,收银员在收付时一定谨慎小心,认真鉴别。

1.伪造假币的特征

(1)假币的水印大部分是在纸张夹层中涂布白色浆料,层次较差,图像模糊;有的则是在纸张表面描绘成水印图案,冒充水印。

(2)假币纸张在紫外线光源下,多数有强烈的荧光反映。

(3)假币正背面均采用全胶印(四色网点)方式印刷,大多墨色深浅不一,有的版面颜色偏深,有的偏淡,有的版面偏向一种颜色,而且凹印图文平滑,无浮雕感。

(4)制作假币的纸张,大多都是普通纸张,与真钞纸相比手感比较平滑、绵软,厚薄也不均匀,票面无凹凸感。

(5)假币的安全线是在纸张夹层中放置,纸与线有分离感。还有的假币则在正反两面各印刷一个条状图案,仔细观察便能看出破绽。

2.变造假币的一般特征

变造假币是在真币的基础上,经过人为加工变形而成的,多采用挖补、剪贴、拼凑、制皮、揭面、涂改等手段,人为痕迹比较明显,比伪造假币易于辨认。如拼凑币,它是经人为分割破坏后再进行拼凑,以少拼多,达到多换的目的。揭面币,也是经过人为地揭去一面后,用其他纸张进行粘贴,从而达到以少换多的目的。

3.硬币假币的主要特征

还有些不法分子制作硬币假币,形式多种多样,收银员应注意识别。不论制假者手段如何高超,金属假币都具有以下几个特征。

(1)金属假币工艺粗糙、成色不足、颜色不一,因为合金配置比例不当,所以黄铜币发白或发亮,白铜币显黄。

(2)金属假币正、背面图案花纹模糊,没有层次感和立体感,显得呆板。在放大镜下,图案花纹笔道有明显的颗粒状结构,光泽和亮度均不及真币,字体略粗,笔画不规范,棱角不清楚。

(3)假币与真币的重量相差较大。

 附录8-2 ××商场内部交款清单

类　　别	面　值	张（件）数	金　　额
零头	壹佰元		
	伍拾元		
	贰拾元		
	拾元		
	伍元		
	壹元		
	伍角		
	壹角		
	小计		
交款总额			
备注：			

收款人：　　　　　　　　　　　　　　　　　　　交款人：

附录8-3　××商场应收账款控制表

供应商	上月应收账款	本月出资	本月减项				本月底应收账款			
			回款	退款	折让	合计	上旬	中旬	下旬	合计
合计										
百分比										

核准：　　　　　　　　　复核：　　　　　　　　　制表：

附录8-4　××超市应收账款分析表

月份	销售额	累计销售额	未收账款	应收票据	累计票据	未贴现金额	兑换现金	累计金额	退票金额	坏账金额
1月										
2月										
3月										
4月										
5月										
6月										
7月										
8月										
9月										
10月										
11月										
12月										

分析：

备注：

核准：　　　　　　　　　复核：　　　　　　　　　制表：

学习回顾

经过本章内容的学习，想必您已经掌握了不少学习心得，请仔细填写下来，以便继续巩固学习。同时，如果您在学习中遇到了一些难点，也请如实写下来，然后可以进行重复学习，以彻底解决学习难点。

学习心得	学习难点
1._____	1._____
2._____	2._____
3._____	3._____
4._____	4._____
5._____	5._____

第九章 后勤管理

学习目标

1. 了解如何防治场内有害动物。
2. 了解如何进行洗手间环境卫生管理。
3. 了解如何进行专柜柜台卫生管理。

第一节　场内外环境管理

内容一：场内有害动物防治

❶ 经营要点

场内有害动物主要包括老鼠、苍蝇、蚊子、蟑螂等，这些有害动物容易传播疾病，对商场（超市）员工、顾客的健康都有着严重影响，因此，必须做好有害动物防治工作。

❷ 管理流程

场内有害动物防治流程如图9-1所示。

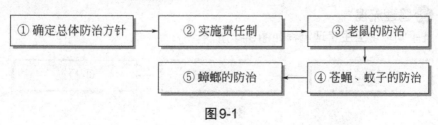

图9-1

流程解读：

流程名称	详细解读
①确定总体防治方针	总体防治方针为彻底杜绝病虫害，不为商场（超市）留下隐患
②实施责任制	即各部门的防治工作由该部门负责，出现问题由该部门负责人承担
③老鼠的防治	a.必须有长期的、有效的、专人负责的消灭老鼠的工作计划和工作内容 b.建筑物的洞穴、排水系统的管道、排水入口都必须有封死的金属网 c.无供老鼠繁殖、藏身的空纸箱、开封的食品箱等 d.保持加工间的卫生清洁
④苍蝇、蚊子的防治	a.设置灭蝇灯、风帘、纱窗门等灭蝇设备 b.定期对排水渠、下水道、地面、垃圾桶、垃圾堆进行喷杀灭卵 c.食品销售柜、加工间保持封闭，减少食品的暴露，随手关门、盖盖 d.用灭蝇拍拍流动苍蝇
⑤蟑螂的防治	a.设置除蟑螂器，采用药物对蟑螂出没的地方重点喷杀 b.及时清除蟑螂卵，并对比较阴暗的食品加工区域进行重点防治 c.保持整个食品加工区域的清洁卫生

图9-1　场内有害动物防治流程

内容二：洗手间环境卫生管理

1. 经营要点
洗手间是商场（超市）的常用部位，必须做好环境卫生管理工作，为使用洗手间的顾客留下一个良好的印象。

2. 管理流程
洗手间环境卫生管理流程如图9-2所示。

图9-2

第九章 后勤管理

流程解读：

流程名称	详细解读
①制定清洁标准	a.无臭味 b.地面整洁、干净 c.无散乱垃圾
②实施清扫	a.所有清洁工序必须自上而下进行 b.清除垃圾杂物，用清水洗净垃圾并用抹布擦干 c.用除渍剂清洁地胶垫和下水道口，清除缸圈上的污垢和渍垢 d.用清洁桶装上低浓度的碱性清洁剂彻底清洁地胶垫，不可在浴缸里或脸盆里洗；桶里用过的水可在清洁下一个卫生间前倒入其厕内 e.清洁洗脸台下面的水管
③检查	每次清洁工作完毕后，进行检查，发现仍有污迹，应重新清扫，使其恢复干净整洁

图9-2　洗手间环境卫生管理流程

内容三：专柜柜台卫生管理

1. 经营要点

商场（超市）中往往设置了很多专柜，商场（超市）要做好对专柜柜台卫生管理，避免出现脏乱差等现象。

2. 管理流程

专柜柜台卫生管理流程如图9-3所示。

内容四：更衣室清洁卫生管理

1. 经营要点

更衣室是员工使用频繁的区域，商场（超市）必须做好对更衣室的清洁卫生管理，确保环境良好。

2. 管理流程

更衣室清洁卫生管理流程如图9-4所示。

图解商场超市经营与管理

流程解读：

流程名称	详细解读
①制定清洁标准	a.物品摆放整齐 b.柜台干净、整洁
②实施清扫	a.专柜经营者不得超高摆放商品 b.爱护商场（超市）内的一切设施和设备，损坏者照价赔偿 c.不得随地吐痰、乱扔杂物等 d.各专柜的经营人员必须保持自己铺位或柜台所管辖区域卫生 e.经营人员不能在禁烟区内吸烟 f.晚上清场时将铺位内的垃圾放到通道上，便于清理
③检查	每次清洁工作完毕后，进行检查，发现仍有污迹，应重新清扫，使其恢复干净整洁

图9-3 专柜柜台卫生管理流程

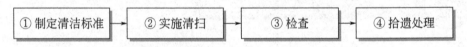

流程解读：

流程名称	详细解读
①制定清洁标准	a.员工衣物、鞋子放在各自区域，摆放整齐 b.无散乱垃圾
②实施清扫	a.清洁地面：扫地、湿拖、擦抹墙脚、清洁卫生死角 b.清洁员工洗手间 c.清洁员工衣柜的柜顶、柜身 d.室内卫生清洁：用抹布清洁窗台、消火栓（箱）及消防器材，清理烟灰缸，打扫天花板，清洁空调出风口，清洁地脚线、装饰板、门、指示牌，打扫楼梯，拆洗窗帘布，清倒垃圾，做好交接班工作
③检查	每次清洁工作完毕后，进行检查，发现仍有污迹，应重新清扫，使其恢复干净整洁
④拾遗处理	有拾获员工物品及时登记上交安全部并报告部门主管

图9-4 更衣室清洁卫生管理流程

内容五:办公场所环境卫生管理

1. 经营要点

商场(超市)的办公场所也是清洁卫生的重点,通过清洁卫生的实施,要使办公场所变成一个整洁的场所。

2. 管理流程

办公场所环境卫生管理流程如图9-5所示。

流程解读:

流程名称	详细解读
①制定清洁标准	a.无垃圾、污垢或碎屑 b.墙面干净整洁 c.无异味
②实施清扫	a.各工作场所内的走道及阶梯,至少须每日清扫一次,并须采用适当方法减少灰尘 b.办公桌面经常清洁整理,保持整齐 c.每周对饮水机进行一次清洗
③检查	每次清洁工作完毕后,进行检查,发现仍有污迹,应重新清扫,使其恢复干净整洁

图9-5 办公场所环境卫生管理流程

 ## 内容六:场外环境卫生管理

1. 经营要点

场外主要是指员工通道、就餐区等区域,对这些区域也要做好环境卫生管理工作,创造一个良好的场外环境。

2. 管理流程

场外环境卫生管理流程如图9-6所示。

①制定清洁标准 → ②基本清洁工作 → ③员工通道清洁 → ④就餐区清洁 → ⑤检查

流程解读：

流程名称	详细解读
①制定清洁标准	a.干净、整洁、无散乱垃圾 b.无异味
②基本清洁工作	a.拉布灯箱保持清洁、明亮，无裂缝、无破损，霓虹灯无坏损灯管 b.幕墙内外玻璃每月清洗一次，保持光洁、明亮、无污渍、水迹 c.旗杆、旗台应每天清洁，保持光洁无尘 d.场外升挂的国旗、司旗每半个月清洗一次，每三个月更换一次，如有破损应立即更换 e.场外挂旗、横幅、灯笼、促销车、遮阳伞等促销展示物品应保持整洁、完好无损
③员工通道清洁	a.管理人员应对需张贴的通知、公告等文件资料内容进行检查、登记，不符合要求的不予张贴 b.员工应注意协助维护公告栏的整洁，不得拿取、损坏张贴的文件资料 c.员工通道内的卡钟、卡座应挂放在指定位置，并保持卡座上的区域标识完好无损 d.考勤卡应按区域划分放于指定位置，并注意保持整洁
④就餐区清洁	a.用餐后应将垃圾扔入垃圾桶 b.茶渣等应倒在指定位置，不能倒入水池 c.当班时间不得在就餐区休息、吃食物
⑤检查	每次清洁工作完毕后进行检查，发现仍有污迹，应重新清扫，使其恢复干净整洁

图9-6　场外环境卫生管理流程

第二节　后勤事务管理

1. 经营要点

办公用品是指商场（超市）日常办公所用的笔、纸等，商场（超市）应加强对办公用品的管理，保证办公需要，同时厉行节约。

❷ 管理流程

办公用品管理流程如图9-7所示。

流程解读：

流程名称	详细解读
①办公用品采购	办公用品统一由行政部采购
②办公用品领用	a.各部门按需要填写"办公用品领用申请表"，向行政部领用办公用品 b.行政部在每次发放办公用品后，都要将领用人、部门等信息填写在"办公用品领用登记表"中
③办公用品分类管理	商场（超市）可以将办公用品分为ABC三类，管理措施如下： A类： ——建立账卡，员工调动时须按人力资源部有关规定办理移交手续 ——发到部门的用品，要有专人负责，建立账卡，责任人调动时办理移交手续 ——若有损坏，由责任人照价赔偿 B类： ——员工因岗配发，一次销账 ——因员工个人原因造成丢失或损坏，由个人负责赔偿 ——员工调离商场（超市），无需交回 C类： 实行计划管理，定期按岗位核定合理消耗量，由行政部按计划购置发放
④办公用品核查	行政部对A类办公用品每年核查一次，发现问题，由使用保管人负责。报损处理需经主管经理审批，会计、物资、保管员要及时做好登记

图9-7　办公用品管理流程

内容二：工作服管理

❶ 经营要点

工作服是反映商场（超市）整体形象及员工精神面貌的重要标志，要加强工作服管理。

2. 管理流程

工作服管理流程如图9-8所示。

① 工作服制作 → ② 工作服领用与发放 → ③ 员工调动的工作服管理

流程解读：

流程名称	详细解读
①工作服制作	行政部根据商场（超市）的要求负责联系工作服的选料制作、发放与保管
②工作服领用与发放	a.发放工作服时，要手续齐全，填制领存卡，防止冒领和丢失 b.员工领用工作服后，个人保管，要保持其整洁、完好，不得私自改制式样、装饰
③员工调动的工作服管理	a.员工内部调动，经人力资源部审批后，领用新岗位工作服 b.员工调动时因个人原因损坏工作服，在照价赔偿后，补领新工作服

图9-8　工作服管理流程

内容三：员工更衣柜管理

1. 经营要点

更衣柜是为员工提供更换、保存服装的设施，禁止在柜内存放与工作无关的杂物、食品和贵重物品。

2. 管理流程

员工更衣柜管理流程如图9-9所示。

① 配备钥匙 → ② 更衣柜使用 → ③ 更衣柜损坏处理 → ④ 离职处理

流程解读：

流程名称	详细解读
①配备钥匙	a.商场（超市）为每个员工配备一把钥匙 b.员工使用钥匙号码须与柜号相符，一人一柜，禁止混用，否则按私开他人衣柜处理 c.更衣柜钥匙，一把由使用者保存，另一把由安全保卫部保管备用，丢失自用钥匙者，应向领导报告并交款后，方可换锁重领钥匙

图9-9

流程名称	详细解读
②更衣柜使用	a.使用者应妥善保管衣柜，保持整齐与清洁，不得随意调换位置；使用者不得自行配换柜锁和涂改编号，凡造成损坏者按规定罚款，严重者给予纪律处分 b.衣柜应随时关锁，一旦发现物品丢失，应速报告保卫部门协助查找，但商场（超市）不负财物损失责任 c.衣柜不得私自另加锁，特殊情况下安全保卫部有权根据商场（超市）需要对衣柜进行检查，而无需员工本人在场
③更衣柜损坏处理	更衣柜正常损坏时，由使用者提出报告，批准后给予维修
④离职处理	员工调离时，应将更衣柜整理干净，钥匙交回管理部门

图9-9 员工更衣柜管理流程

【附 录】

附录9-1 ××商场环境卫生管理制度

1 目的
为加强本商场环境卫生管理，特制定本制度。
2 适用范围
本制度适用于环境卫生管理。
3 管理内容
3.1 为确保整体环境的美观、卫生，环境卫生实行统一管理、分工负责、责任到人、层层挂钩制度。
3.1.1 行政部，全面负责环境卫生管理工作，协调有关部室、楼层抓好落实。
3.1.2 各部室、部位、楼层卫生区域的划分由行政部确定，各经营部、柜组卫生区域由楼层确定，做到层层落实、分片包干、责任明确。
3.1.3 各部门根据各自的卫生区域，打扫卫生，保持清洁，商场每周三组织检查，并将检查、奖罚情况及时张榜公布。
3.2 环境卫生总体标准。
3.2.1 地面清洁卫生，无垃圾、无污垢、无痰迹、无废弃物，卫生箱放置整齐。
3.2.2 柜台、货架整洁无灰尘、无杂物、无非商品，玻璃、镜子明亮。
3.2.3 商品清洁卫生，无灰尘，陈列美观大方，整齐丰满，具有艺术色彩，商品标签一条线。

3.2.4 门窗、棚壁、楼梯、扶梯、电梯、天井及其他所有附属设施洁净，无蜘网、无卫生死角。
3.3 卫生工作四不准。
3.3.1 不准乱扔废弃物、果皮核。
3.3.2 不准随地吐痰。
3.3.3 不准乱倒脏水、茶叶、饭渣。
3.3.4 不准将杂物垃圾扫入他人卫生区。

附录 9-2　××商场办公用品管理制度

1　目的
为对各类办公用品实行规范化、制度化管理，达到节约使用、减少浪费的目的，特制定本制度。
2　适用范围
本制度适用于各部门员工领用办公用品的管理。
3　管理内容
3.1　办公用品管理
3.1.1　办公用品分类：公司办公用品分为消耗品、管制消耗品、管制品等三种。
3.1.1.1　消耗品：刀片、胶水、胶带、大头针、回形针、橡皮、笔记本、复写纸、标贴、各类印刷表单、铅笔、圆珠笔、订书针、直尺等。
3.1.1.2　管制消耗品：名片、签字笔、钢笔、修正液、电池、印泥、卷宗夹、文件夹、美工刀、邮票、笔筒等。
3.1.1.3　管制品：计算器、订书机、打孔机、电脑、复印机、传真机、打字机、卷尺等。
3.1.2　办公用品的领用分为个人领用和单位领用两种。
3.1.2.1　个人领用：是个人使用保管的用品，如圆珠笔、橡皮、直尺等。
3.1.2.2　单位领用：是单位内部共同使用的用品，如打孔机、电脑、复印机、打字机、传真机等。
3.2　管理原则
依历史记录（如过去半年耗用平均数）、经验法则（估计消耗时间）设定领用管理基准（如圆珠笔每人每月发一支）。
3.2.1　管制消耗品：管制消耗品应限制人员使用，必要时可依部门或人员的工作状况调整发放。
3.2.2　管制品：管制品应列入移交项目，如自然损坏无法修复时，应以旧品换新品，如遗失或使用不当则须由个人或单位赔偿。
3.3　领用申请
3.3.1　消耗品：按月发放，但其他办公用品按需领用。申请于每月25日前，由各部门填写"办公用品申请单"，交行政部统一采购，次月1日发放（新进人员或特殊用途具的请领不受此限制）。

3.3.2 到职、离职人员：新进人员到职时由该部门提出办公用品申请单，向行政部请领用品；人员离职时，应将剩余用品一并缴交所属部门，行政部负责交接监督。

3.4 办公用品采购原则

3.4.1 办公用品由行政部统一向文具批发商采购，必需品或采购不易或耗用量较大者，应有库存；特殊办公用品紧急需要时，可经行政部同意授权各部门自行采购。

3.4.2 按必需的原则，对于可有可无的办公用品一律不予申购。

3.4.3 行政部应把办公用品管理过程的各个环节，如购买、配置、分发，和领用、修缮与保管等，用台账形式记录下来。

3.4.4 由行政部为每个部门设定"办公用品领用登记表"，按部门分别设置台账，记录各部门领用、借用和使用办公用品的情况，统一装订成册，于领用办公用品时分别登记、签名，以控制用品消耗。

3.4.5 各部门负责人对所配置的管制品，负有使用与保管的责任；部门负责人必须指定或明确部门内使用与保管的责任者，防止办公用具被盗、被挪用以及污染与破损。

3.5 印刷品领用

一般印刷品（如名片、信纸、信封、表格）的印刷、申购、保管均由行政部负责，各部门特殊用途的表单及印刷品则自行保管；请领印刷品如属部门特殊专用表单，应填写"领用申请表"，在需要日前两周交行政部统一采购，如属一般代用的，应填写"领用单"向行政部领取。

3.6 办公用品的盘点

行政部至少一年两次，对库存办公用品进行盘点，并把账物是否一致的情况制成清查明细表，报行政部经理。

3.7 注意事项

采购办公用品尽量采用定点采购；发放办公用品应按职务、级别和工作需要的要求办理；保管办公用品应实行谁使用、谁保管；使用耐用型办公用品的员工应积极配合行政部搞好维修工作。

 附录9-3　××商场办公用品领用申请单

领用部门：　　　　　　　　　月份：

品名	规格	单位	需求量	备注
部门负责人：			年　月　日	

注：此表供领用常规办公用品时填写，请按程序报批。

附录9-4　××商场办公用品领用登记表

领用时间	编号	用品名称	数量	领用人	备注

学习回顾

经过本章内容的学习，想必您已经掌握了不少学习心得，请仔细填写下来，以便继续巩固学习。同时，如果您在学习中遇到了一些难点，也请如实写下来，然后可以进行重复学习，以彻底解决学习难点。

学习心得	学习难点
1._____ 2._____ 3._____ 4._____ 5._____	1._____ 2._____ 3._____ 4._____ 5._____

第十章 公共关系维护

> **学习目标**
>
> 1. 了解如何与政府部门进行关系维护。
> 2. 了解如何与新闻媒体进行关系维护。
> 3. 了解如何召开座谈会。

第一节 公共机构关系维护

 内容一：与政府部门的关系维护

1. 经营要点

商场（超市）的正常运转离不开政府部门的支持与协调，因此，必须做好对政府部门的关系维护，确保商场（超市）有一个良好的发展环境。

2. 管理流程

与政府部门的关系维护流程如图10-1所示。

①明确负责人 → ②参与政府活动 → ③接受政府检查

图10-1

流程解读：

流程名称	详细解读
①明确负责人	与政府部门的关系维护工作一般由商场（超市）店长亲自出面，表示商场（超市）对建立与政府部门和机构的公共关系的重视

流程名称	详细解读
②参与政府活动	当地政府部门可能会定期不定期地举办一些社会公益活动，商场（超市）应积极参与，以便与政府维持良好关系
③接受政府检查	商场（超市）有时也会接受物价部门、质监部门等的检查，商场（超市）要全面配合其做好检查工作

图10-1　与政府部门的关系维护流程

 内容二：与新闻媒体的关系维护

1. 经营要点

新闻媒体具有非常强大的影响力，因此，商场（超市）应维护好与新闻媒体的关系，定期与其进行沟通，促进双方的关系。

2. 管理流程

与新闻媒体的关系维护流程如图10-2所示。

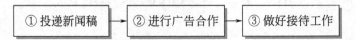

流程解读：

流程名称	详细解读
①投递新闻稿	a.商场（超市）应经常给国内、外的报纸投寄新闻稿，以此来反映自身经营管理的动态，以便进行广泛的宣传和有关信息的新闻传递 b.商场（超市）每月要安排专门人员定量给专门的报纸投寄新闻稿，这种稿件并不要求写得十分详细，只要求写出大体的情况、发生了什么事情
②进行广告合作	定期向新闻媒体进行广告合作，加深双方关系
③做好接待工作	新闻记者来访时，商场（超市）相关主管人员可能要花一天的时间，陪他们拍照，了解背景材料，向他们介绍商场（超市）情况，带他们参观商场（超市）设施，组织安排他们与店长见面交谈

图10-2　与新闻媒体的关系维护流程

第二节 社区关系维护

1 内容解读

商场（超市）应当邀请周边社区的一些老顾客参加顾客座谈会，听取顾客的意见和建议，以便对自身的服务、商品等方面进行改进。

2 具体流程

顾客座谈会召开流程如图10-3所示。

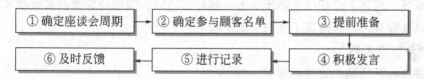

流程解读：

流程名称	详细解读
①确定座谈会周期	顾客座谈会的周期一般为每月一次，如果商场（超市）客流较大，周围社区较密集，也可每半个月举行一次
②确定参与顾客名单	参与座谈会的顾客应当是经常到商场（超市）购物的老顾客，商场（超市）可以调查其购物记录、会员卡等资料，挑选一些老顾客，并向其发出邀请，待其同意后，制作出参与顾客名单
③提前准备	提前准备的工作包括： a.安排好会议室 b.准备会议用品，如鲜花、果篮、茶水等 c.营造热烈气氛，如悬挂欢迎条幅等
④积极发言	在会议时间内邀请顾客来到会议室，会议主持人要鼓励顾客积极发言，并对顾客提到的问题进行诚恳地回复，要注意带动顾客的情绪，使其愿意不断参与到讨论中
⑤进行记录	会议结束后，会议主持人要做好记录，记录在"座谈会记录表"中，记录顾客反映的各种问题
⑥及时反馈	对顾客反映的问题，能够解决的要进行解决，解决后及时将结果告知顾客，以表明商场（超市）的诚意

图10-3 顾客座谈会召开流程

> **提醒你**
>
> 必要时,可以由商场(超市)店长亲自出面举行座谈会,以表明商场(超市)对顾客的重视,并以此增加顾客的忠诚度。

内容二:举办社区活动

1. 经营要点

商场(超市)应积极主动地举办一些社区活动,吸引社区居民前来参与,以加强与其联系,扩大商场(超市)的影响力。

2. 管理流程

举办社区活动的流程如图10-4所示。

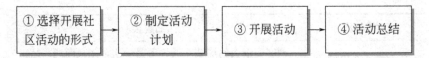

流程解读:

流程名称	详细解读
①选择开展社区活动的形式	社区活动包括羽毛球赛、乒乓球赛、歌舞比赛等,商场(超市)应根据当地社区的实际情况进行选择
②制定活动计划	活动计划内容应包括: a.活动时间、地点、主持人 b.活动费用预算 c.活动宣传措施
③开展活动	a.联系社区活动积极分子,发动他们带动更多社区居民参与活动 b.维护活动安全,禁止出现危险行为 c.充分调动活动气氛,并借机对商场(超市)进行宣传 d.设置必要的活动奖品,发放给社区居民
④活动总结	活动结束后,评估活动效果,并做好总结工作

图10-4 举办社区活动的流程

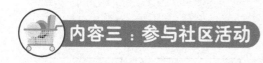

内容三：参与社区活动

1. 经营要点

商场（超市）所在社区可能会定期举办一些活动，如果他们邀请商场（超市）参与，商场（超市）应当安排好人员参与活动，以便加强与社区的联系。

2. 管理流程

参与社区活动的流程如图10-5所示。

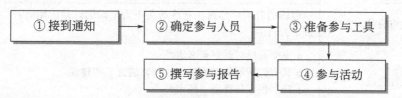

流程解读：

流程名称	详细解读
①接到通知	当商场（超市）接到通知后，要立刻对社区活动组织者进行答复是否参加
②确定参与人员	一般由负责公关事务的人员参与社区活动
③准备参与工具	商场（超市）应为参与社区活动准备好相应的工具，如专用的服装、旗帜等
④参与活动	a.商场（超市）人员参与活动时要文明、礼貌，尊重活动组织者 b.借机对商场（超市）进行宣传，扩大商场（超市）的知名度
⑤撰写参与报告	活动结束后，撰写参与报告

图10-5 参与社区活动的流程

 内容四：走访社区居民

1. 经营要点

商场（超市）应安排相关人员定期对社区居民进行走访，与居民做好充分沟通工作，双方共同努力，维护好社区的良好环境。

2. 管理流程

社区走访流程如图10-6所示。

①走访人员安排 → ②走访的时间安排 → ③进行交谈 → ④走访记录

流程解读：

流程名称	详细解读
①走访人员安排	走访工作应由店长和各部门主管担任，以显示商场（超市）对走访工作的重视
②走访的时间安排	走访的时间应当选在社区居民不太忙碌的时候，如周六、周日或节假日等
③进行交谈	a.见面问候时最好点名道姓 b.认真倾听居民对商场（超市）的意见和建议 c.向居民宣传商场（超市） d.对居民表达感谢
④走访记录	走访工作结束后，要及时进行记录，记录在"社区走访记录表"中

图10-6　社区走访流程

【附　录】

附录10-1　××商场座谈会记录表

主持人		会议地点		会议时间	
参与居民					
居民意见：					

第十章 公共关系维护

商场反馈：
待办事项

 附录10-2 ××商场社区走访记录表

走访居民姓名		住址		联系电话	
走访人姓名		职务	部门	走访时间	
商谈事项		居民意见		反馈意见	

学习回顾

经过本章内容的学习,想必您已经掌握了不少学习心得,请仔细填写下来,以便继续巩固学习。同时,如果您在学习中遇到了一些难点,也请如实写下来,然后可以进行重复学习,以彻底解决学习难点。

学习心得	学习难点
1.	1.
2.	2.
3.	3.
4.	4.
5.	5.

第十一章 网络销售

学习目标

1. 了解如何进行网络销售规划。
2. 了解如何处理销售订单。

第一节 网站建设

① 经营要点

随着网络通信技术和物流配送技术的飞速发展,使得上网购物已经成为一种普遍的消费方式,因此,商场(超市)应开展网络销售工作,以扩大营业范围,提高销售收入。开展网络销售工作的第一步就是要建立网站。

② 管理流程

自建网站流程如图11-1所示。

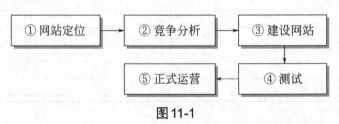

图 11-1

流程解读：

流程名称	详细解读
①网站定位	网站应定位为，向顾客提供全面的促销资讯以及价廉物美的商品
②竞争分析	商场（超市）应展开竞争分析工作，分析竞争对手的网络销售策略，并总结自身优势，明确自家网站应具备的基本功能，同时撰写分析报告
③建设网站	商场（超市）应安排专门的技术人员负责网站的实际建设工作，网站的主体部分包括： a.商品管理系统，用于发布、更新商品信息 b.订单处理系统，用于接收并处理顾客订单 c.信用支付系统，用于对顾客付款的处理
④测试	网站初步建设完成后，技术人员应实施测试，通过测试，找出网站存在的问题、漏洞等，及时予以解决
⑤正式运营	网站测试通过后，即可正式投入运营

图 11-1 自建网站流程

内容二：委托建站

1. 经营要点

对商场（超市）来说，自建网站需要安排专门的技术人员，成本相对较高，而一些网络公司提供专门的建站服务，商场（超市）也可以委托其建站，从而降低部分成本。

2. 管理流程

委托建站流程如图11-2所示。

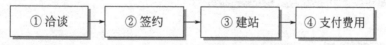

流程解读：

流程名称	详细解读
①洽谈	市场上提供建站服务的公司很多，商场（超市）应选择其中信誉较好、报价较合理的公司进行洽谈，洽谈时要注意以下事项：

图 11-2

流程名称	详细解读
①洽谈	a.将商场（超市）的具体要求如实提出 b.与对方就建站的每一个细节进行充分讨论 c.综合考虑所有费用
②签约	洽谈达成一致后，双方即可签约，合同中应明确规定建站的规模、完成时间、具体费用等
③建站	网络公司根据合同要求建设网站，并进行测试，同时做好测试记录，记录在"网站测试登记表"中
④支付费用	网络公司建站完成后，由商场（超市）进行确认，确认网站能够顺利运行后，即向其支付合同约定的费用

图 11-2　委托建站流程

一般来说，委托建站更快捷、专业，成本较低，但是安全性也相对较低，而自建网站成本较高，但由商场（超市）自身负责建设与管理，安全性相对较高，商场（超市）要根据自身实际情况来决定是否自建网站。

第二节　网络销售实务

 内容一：销售订单处理

❶ 经营要点

网站建设起来后，就要正式投入运营。当顾客通过网站下订单后，商场（超市）就要做好对订单的处理工作，及时为顾客安排发货。

❷ 管理流程

销售订单处理流程如图11-3所示。

第十一章 网络销售

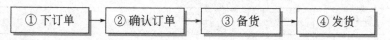

流程解读：

流程名称	详细解读
①下订单	顾客在商场（超市）的网站上浏览商品信息，确定购买某件商品后，即可提交订单
②确认订单	订单传送到网站后台，工作人员要及时确认订单，并转交仓库进行备货
③备货	仓库审核网站转交的订单，确认商品类别、数量，及时进行备货
④发货	a.备货完成后，即安排送货人员按订单地址为顾客送货 b.商场（超市）也可以与第三方物流公司合作，由其负责送货

图11-3　销售订单处理流程

内容二：物流配送

1. 经营要点

顾客下达订单后，商场（超市）要尽快处理订单，并安排好物流配送工作，尽快将其订购的商品送达顾客手中。

2. 管理流程

物流配送流程如图11-4所示。

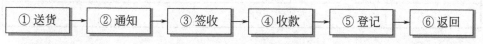

流程解读：

流程名称	详细解读
①送货	a.仓库将备好的商品进行装车，并安排配送人员进行送货 b.送货人员应根据订单地址，选择最快捷的路线送达 c.送货途中，要避免损坏货物
②通知	到达顾客地址之前，配送人员应提前电话通知顾客，以避免顾客不在而导致无法收货
③签收	商品送达后，由顾客进行检查，检查无误后进行签收

图11-4

流程名称	详细解读
④收款	a.如果顾客已通过网站支付系统完成支付，则无需付款 b.如果顾客选择的是货到付款的方式，配送人员应足额收款
⑤登记	配送人员可能一次要为多名顾客进行配送，每次配送完成后，要做好配送登记工作，记录在"每日配送登记表"中
⑥返回	完成物流配送后，配送人员要将签收的订单及货款带回，完成整个配送过程

图11-4　物流配送流程

【附　录】

附录11-1　××超市网站测试登记表

序号	测试时间	发现问题	解决方案	测试负责人

附录11-2　××超市每日配送登记表

序号	订单编号	顾客姓名	配送地址	签收时间	送货员

第十一章 网络销售

学习回顾

经过本章内容的学习,想必您已经掌握了不少学习心得,请仔细填写下来,以便继续巩固学习。同时,如果您在学习中遇到了一些难点,也请如实写下来,然后可以进行重复学习,以彻底解决学习难点。

学习心得	学习难点
1._____	1._____
2._____	2._____
3._____	3._____
4._____	4._____
5._____	5._____